第一次全国自然灾害综合风险普查培训教材

# 水路调查

国务院第一次全国自然灾害综合风险普查领导小组办公室 编著



应急管理出版社

·北 京·

## 内 容 提 要

本书是在《自然灾害综合风险水路承灾体普查技术指南》和《自然灾害综合风险水路承灾体普查数据与成果质检核查技术规则》的基础上编写而成的，秉承着“指南—规则—培训教材”的编写思路，对相关内容进行了丰富和补充说明，帮助普查人员更加直观、形象地学习水路承灾体普查内容，更加方便地开展普查工作。

本书主要内容包含水路调查的任务和内容、水路调查的基本实施流程、水路承灾体属性信息普查、水路自然灾害信息普查、水路承灾体自然灾害综合风险等级划分、案例，附录包含名词解释、常见问题解答、常见不合格项、港口普查表、内河航道普查表、通航建筑物普查表、航运枢纽普查表、报告格式要求等内容。

本书可作为水路调查的培训教材，也可供对水路承灾体自然灾害综合风险评价感兴趣的研究人员和工程技术人员阅读参考。

## 《第一次全国自然灾害综合风险普查培训教材》
## 编　委　会

# 本书编写组

主　　编　柳　鹏

副 主 编　范永辉　苏　航

编写人员　商　辉　赵　帅　康玮星　寇本川　喻志发
姜兴良　孙　冉　夏冬飞　朱胜利　朱耀庭
刘天韵　王　翠　孙熙平　尹纪龙　王亚民
罗　伦　李　程　许　石　梅金波　孙　林

# 序　一

我国是世界上自然灾害最为严重的国家之一，灾害种类多、分布地域广、发生频率高、造成损失重，这是一个基本国情。党中央、国务院历来高度重视自然灾害防治工作，2018 年 10 月 10 日，习近平总书记主持召开中央财经委员会第三次会议，专题研究提高自然灾害防治能力，强调要开展全国自然灾害综合风险普查。按照党中央、国务院决策部署，国务院办公厅印发通知，定于 2020 年至 2022 年开展第一次全国自然灾害综合风险普查，成立了由国务院领导同志任组长的普查工作领导小组，县级以上地方各级人民政府设立相应的普查领导小组及其办公室，按照“全国统一领导、部门分工协作、地方分级负责、各方共同参与”的原则组织实施。

全国自然灾害综合风险普查遵循“调查-评估-区划”的基本框架开展，调查是基础、评估是重点、区划是关键。普查涉及范围广、参与部门多、协同任务重、工作难度大，第一次开展地震灾害、地质灾害、气象灾害、水旱灾害、海洋灾害、森林和草原火灾六大类自然灾害风险要素调查、风险评估和区划的全链条普查；第一次实现致灾部门数据和承灾体部门数据有机融合，推动部门数据共享共用，助力灾害风险管理；第一次在统一的评估区划技术体系下开展工作，形成较为完整的自然灾害综合风险评估与区划技术体系。

“工欲善其事，必先利其器。”此次普查工作是中华人民共和国成立后首次开展的自然灾害综合风险普查，没有现成模式可套、没有现成经验可循、没有现成路子可走，普查的过程本身就是一个探索创新、积累经验、推动工作的过程。本次普查涉及主体多，国家、省、市、县、乡、村都有普查队伍，各地基础不同，但技术规范和工作目标一致。在这样的情况下，一套专业、权威的教材尤为重要，它不仅仅是普查海量知识呈现的载体，同时也是普查工作者的实操指南。每一本教材都是创新的成果，都凝结着教材编著人员的辛勤汗水，承载着广大普查工作者的期盼。这套教材的编著者均为不同部门、不同领域的专家，同时也是本次普查工作的设计者、推动者和实践者，他们以高度的政治责任感和使命感，以及科学严谨的工作作风，为普查工作倾注了大量心血、汗水和智慧。我谨向他们表示崇高的敬意和衷心的感谢！

这套教材有统有分，注重理论知识与实践操作的紧密结合，突出了科学性、专业性和实用性。希望广大普查工作者能在其中汲取知识，学有所思、学有所获，也希望各级普查办和行业单位能在普查培训中用好这套教材。

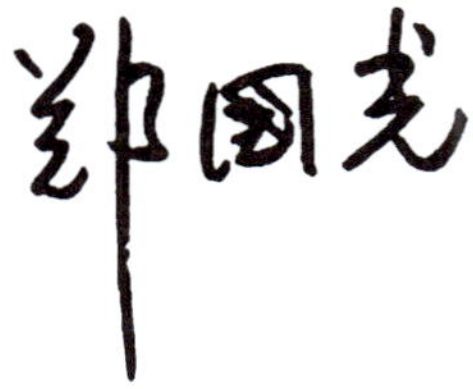

国务院第一次全国自然灾害综合风险普查

领导小组办公室主任

二〇二一年十二月

# 序　二

为全面掌握我国自然灾害风险隐患情况，提升全社会抵御自然灾害的综合防范能力，经国务院同意，定于2020年至2022年开展第一次全国自然灾害综合风险普查工作。全国自然灾害综合风险普查是一项重大的国情国力调查，是提升自然灾害防治能力的基础性工作。通过开展普查，摸清全国自然灾害风险隐患底数，查明重点地区抗灾能力，客观认识全国和各地区自然灾害综合风险水平，为中央和地方各级人民政府有效开展自然灾害防治工作、切实保障经济社会可持续发展提供权威的灾害风险信息和科学决策依据。

第一次全国自然灾害综合风险普查是多灾种、系统性和综合性的普查，涉及范围广、参与部门多、协同任务重、工作难度大。对普查工作人员开展广泛的业务培训，建设一支素质高、业务精的普查工作队伍，是保障本次普查工作质量的前提和基础。为提高培训效果，规范普查数据采集、评估与区划工作，确保普查数据和成果质量，国务院第一次全国自然灾害综合风险普查领导小组办公室（简称国务院普查办）精心策划，组织自然灾害风险相关领域专家，围绕《第一次全国自然灾害综合风险普查实施方案（修订版）》，通力合作，编写完成了系列培训教材。本套培训教材体系完整、内容全面，既独立成册又相互补充，形成了较为完整的自然灾害综合风险普查培训教材体系。

参与这次自然灾害综合风险普查培训教材编写工作的人员多，既有应急、地震、自然资源（地质灾害、海洋灾害）、水利、气象、林草、住建、交通等部门的工作人员、技术支撑单位专家，又有相关高校和科研院所的专家学者，还有参与普查试点工作的普查人员。他们需要详细研究吃透实施方案，又要收集整理资料、补充案例；既要体现专业水准，又要满足通俗易懂的需求，为此付出了大量辛勤劳动。教材凝聚了所有编写人员的心血和智慧。在此，谨向所有参编人员表示由衷的敬意和诚挚的感谢！

本套培训教材在编写过程中，始终贯彻以下宗旨。一是通俗易懂，操作性强。以服务普查员为根本目的，突出实用性。教材以好学、易懂、操作性强为原则，简明扼要、浅显易懂地阐述普查内容、技术和方法，避免学术化和理论化表述。二是图文并茂、例证丰富。教材针对普查内容专业性较强的特点，将普查内容、流程、步骤利用图表和文字清晰表达出来，对于一些难点问题教材中引用了实例进行阐释。三是标准统一、特色鲜明。各教材在章节结构、格式体例、出版风格上标准统一，内容又各具特色、完整准确。

本套培训教材在编写完成后，按照国务院普查办安排部署，经主持编写单位专家审核后，由国务院普查办技术组组织全体专家审查，再由国务院普查办主任办公会审定，做到了层层把关，确保了教材培训的质量。

本套培训教材是自然灾害综合风险普查培训的权威工具书，是各级普查人员的重要参考材料，是社会公众了解自然灾害综合风险普查的窗口。希望广大的自然灾害综合风险普查工作人员用好本套培训教材，准确地把握普查的内容和要求。

自然灾害综合风险普查培训教材是第一次编写，教材中的一些不足之处，需在普查实施过程中不断修改和完善。书中疏漏和不妥之处，敬请读者批评指正。

国务院第一次全国自然灾害综合风险普查领导小组办公室技术组组长

应急管理部-教育部　减灾与应急管理研究院副院长

北京师范大学地理科学学部教授

二〇二一年十一月

# 前　言

2018年10月10日，习近平总书记主持召开中央财经委第三次会议，专题研究提高自然灾害防治能力，将实施“灾害风险调查和重点隐患排查工程”作为提高自然灾害防治能力“九项重点工程”的第一项也是基础性工程，强调要开展全国自然灾害综合风险普查。为此，经国务院同意，定于2020年至2022年开展第一次全国自然灾害综合风险普查工作，成立了普查工作领导小组，全面组织领导全国自然灾害综合风险普查工作。普查的主要目标是摸清自然灾害风险底数、把握自然灾害风险规律和构建自然灾害风险防治的技术支撑体系。

交通运输部积极推进自然灾害综合风险水路承灾体普查工作，部水运局组织相关单位依据《第一次全国自然灾害综合风险普查实施方案（修订版）》编写了《自然灾害综合风险水路承灾体普查技术指南》及《自然灾害综合风险水路承灾体普查数据与成果质检核查技术规则》，并结合试点经验进行了修订，主要用于指导我国自然灾害综合风险水路承灾体普查，对我国水路承灾体的空间分布、基本属性特征和与水路自然灾害相关的属性特征进行全面调查，掌握全国水路自然灾害底数，形成全国水路自然灾害综合风险区划，为全国水路自然灾害应急管理、自然灾害主动治理提供依据。由于我国现有水路承灾体普查工作量巨大，为便于普查人员开展普查工作，特编制本书。

本书对相关内容进行了详细和全面的说明，具有较强的针对性、实用性和可操作性，主要供自然灾害综合风险水路承灾体普查人员使用。

在本书编写过程中，很多专家做了大量的工作，付出了辛勤劳动，在此表示衷心感谢！由于时间和水平的限制，书中难免存在疏漏之处，敬请批评指正，以便持续改进！

本书编写组

2021年9月

# 目　　次

# 第一章　水路调查的任务和内容

## 第一节　对 象 与 范 围

### 一、调查对象

自然灾害综合风险水路承灾体普查包括水路承灾体属性信息普查和水路自然灾害信息普查。

水路承灾体属性信息普查分为港口设施、航道设施、通航建筑物设施和航运枢纽设施的信息调查。

水路自然灾害信息普查分为地震灾害、地质灾害、气象灾害、水旱灾害、海洋灾害及森林和草原火灾的信息调查。其中森林和草原火灾对水路承灾体影响较小，不在本次普查范围内。

### 二、调查范围

交通行业管辖的在建和营运的水路承灾体。

### 三、调查期限

水路自然灾害信息普查时间上下限为 1978—2020 年。其中 1978 年前建成的水路承灾体从 1978 年开始统计，1978 年及之后建成的水路承灾体自开工建设年份开始统计。

## 第二节　任务及主要内容

### 一、总体目标

通过组织开展第一次全国自然灾害综合风险普查，摸清全国灾害风险隐患底数，查明重点区域抗灾能力，客观认识全国和各地区灾害综合风险水平，为国家和地方各级政府有效开展自然灾害防治和应急管理工作、切实保障社会经济可持续发展提供权威的灾害风险信息和科学决策依据。

（1）获取我国地震灾害、地质灾害、气象灾害、水旱灾害、海洋灾害、森林和草原火灾等主要灾害致灾信息，人口、房屋、基础设施、公共服务系统、三次产业、资源与环境等重要承灾体信息，历史灾害信息，掌握重点隐患情况，查明区域抗灾能力和减灾能力。

（2）以调查为基础、评估为支撑，客观认识当前全国和各地区致灾风险水平、承灾体脆弱性水平、综合风险水平、综合防灾减灾救灾能力和区域多灾并发群发、灾害链特征，科学预判今后一段时期灾害风险变化趋势和特点，形成全国自然灾害防治区划和防治建议。

（3）通过实施普查，建立健全全国自然灾害综合风险与减灾能力调查评估指标体系，建立健全分类型、分区域、分层级的国家自然灾害风险与减灾能力数据库，建立健全多尺度隐患识别、风险识别、风险评估、风险制图、风险区划、灾害防治区划的技术方法和模型库，开发综合风险和减灾能力调查评估信息化系统，形成一整套自然灾害综合风险普查与常态业务工作相互衔接、相互促进的工作制度。

### 二、任务

为规范指导我国自然灾害综合风险水路承灾体普查，对我国水路承灾体的空间分布、基本属性特征和与水路自然灾害相关的属性特征进行全面调查，掌握全国水路自然灾害底数，形成全国水路自然灾害综合风险区划，为全国水路自然灾害应急管理、自然灾害主动治理提供依据，编制《自然灾害综合风险水路承灾体普查技术指南》。

鉴于水路承灾体在规划设计各阶段已经综合考虑地震、地质、气象等自然灾害因素，并采取相应的工程技术措施，自然灾害综合风险相对可控。但由于自然灾害产生原因的复杂性，人类对各种自然灾害发生机理和规律的认识还不够全面深入，且自然灾害逐年呈现强度增加、周期缩短、连发性多等趋势，为加强水路承灾体的防灾减灾工作，开展自然灾害综合风险水路承灾体普查。其中，交通运输部负责建立水路承灾体自然灾害综合风险普查数据库和信息采集系统。按管理权限，依据属地原则开展水路自然灾害综合风险普查的调查及数据审核。

（一）前期准备阶段（2020 年 10 月底前）

（1）制定方案。交通运输部制定印发普查实施方案，明确普查工作的目标、任务、工作安排等；地方各级交通运输主管部门按照交通运输部总体部署健全工作机制，分解工作任务，制定具体工作方案。

（2）编制技术指南。针对本次自然灾害综合风险水路承灾体普查工作，编制技术指南，指导信息采集和自然灾害风险调查与核查等工作。

（3）建设信息采集系统。建设信息化系统，实现信息采集、数据汇聚、评估分级等功能，为普查工作提供技术支撑。

（二）试点阶段（2020 年 12 月底前）

（1）组织试点（会战）培训。交通运输部组织技术支持单位对开展试点会战的北京市房山区、山东省日照市岚山区相关部门采集人员、审核人员进行技术指南、系统操作等培训，确保高质量完成会战工作。

（2）开展试点会战。会战地区交通运输部门在省级交通运输主管部门的指导下，根据技术指南等要求，完成水路承灾体相关数据、自然灾害风险信息等的采集和上报等工作；省级交通运输主管部门对数据进行严格审核，确保数据质量；交通运输部对省级核查结果进行抽查。

(3) 会战总结与完善。会战地区普查工作结束后，交通运输部组织对会战期间的工作成果进行总结，对技术指南相关内容和信息采集系统功能进行完善。

(4) 全面试点培训。根据会战工作开展情况，对全面试点的市县相关部门采集人员、审核人员进行技术指南、系统操作等内容的培训。

(5) 开展全面试点。各试点省份交通运输部门按照职责高质量完成普查的信息采集、数据审核、风险评估、灾害风险点（段）核查等工作，对试点工作进行总结，为下阶段全面实施积累经验。

(三) 全面实施阶段（2022 年 12 月底前）

(1) 业务培训。对各省相关单位人员开展业务培训，并按需对相关区域采集、审核人员开展进一步培训。

(2) 全面实施普查。全国范围内全面开展自然灾害综合风险水路承灾体普查数据采集、审核、评估等工作，全面掌握全国水路承灾体自然灾害风险底数。

(3) 信息资源共享。普查工作应加强与应急、自然资源、地震、气象等部门的信息资源共享，结合各灾种调查结果，形成普查成果，完成自然灾害综合风险水路承灾体风险区划，为下阶段开展防治工作奠定基础。

## 三、主要内容

自然灾害综合风险水路承灾体普查范围包括主要港口和地区性重要港口（其中码头泊位调查范围为沿海万吨级及以上泊位、内河千吨级及以上泊位）、三级及以上航道、通航建筑物、航运枢纽。

自然灾害的类型主要包括地震灾害、地质灾害、气象灾害、水旱灾害、海洋灾害及森林和草原火灾共 6 类灾害，简称灾类，灾类又可划分为各种灾害，简称灾种。其中森林和草原火灾对水路承灾体影响较小，不在本次普查范围内。

水路承灾体自然灾害综合风险评估由专业人员根据普查的水路承灾体基础信息和主要自然灾害信息等开展，用于形成全国、省级、市级、县级综合风险区划和灾类风险区划图。

水路承灾体自然灾害综合风险评估选择指标体系法和风险矩阵法作为评估方法。

区划范围为中华人民共和国境内陆域（未含香港特别行政区、澳门特别行政区和中国台湾地区）。区划单元分为行政单元和空间单元两类。其中，行政单元以国家、省域、市域、县域行政边界为参照，空间单元以千米网格为基础。

自然灾害综合风险水路承灾体普查应遵循客观和科学的原则，采用简单、可靠、易操作的方式，规范灾害信息数据标准，建立全国水路自然灾害信息和风险等级数据库。

## 四、工作要求

（1）提高思想认识。全国自然灾害综合风险普查是一项重大国情国力调查，是提升自然灾害防治能力的基础性工作。各级交通运输主管部门要高度重视，进一步提高思想认识，把灾害风险普查工作纳入当前重点工作，统筹安排，精心组织，确保按期完成普查任务，推动交通运输高质量发展。

（2）加强组织领导。为保障工作顺利推进，交通运输部成立自然灾害综合风险公路水路承灾体普查领导小组，负责普查的指导协调等工作。

（3）加强技术支持。交通运输部组织有关技术单位制定普查技术指南，建设信息化系统。地方各级交通运输主管部门要充分发挥地方技术单位的技术优势，调动各方积极参与，提高技术支撑能力。

（4）加强质量控制。各级交通运输主管部门要加强对普查管理工作的质量管理，针对培训宣贯、调查组织、数据审核等关键环节，规范工作流程，确保数据质量。

（5）加强安全管理。各地要将安全意识贯穿普查工作全过程，加强普查期间安全保障，认真做好普查期间交通组织保障措施，确保普查工作人员安全。

（6）加强信息报送。各省级交通运输主管部门要建立自然灾害风险普查工作信息报送制度，明确专人负责，及时向交通运输部报送具体工作方案、普查进展情况等重要信息。交通运输部将建立工作调度制度，加强普查工作调度，并适时开展质量抽查，通报各地进展情况。

# 第二章　水路调查的基本实施流程

## 第一节　调查实施流程

县级交通运输（水路运输）主管部门组织辖区内港口企业、航道管理部门和通航建筑物运行单位等相关单位，以已有数据为基础，采用自然灾害综合风险水路承灾体普查采集系统填报补充数据；市级交通运输（水路运输）主管部门负责校核工作，保证填报数据的真实性和规范性；省级交通运输主管部门负责审核工作，对省内灾害风险进行评估，对校核结果进行抽查（各省非县级交通运输主管部门负责管理的水路承灾体由省级交通运输主管部门组织协调填报、审核）；长江干线航道普查工作由长江航务管理局负责组织开展；交通运输部对审核结果进行抽查。调查实施流程图如图 2-1 和图 2-2 所示。

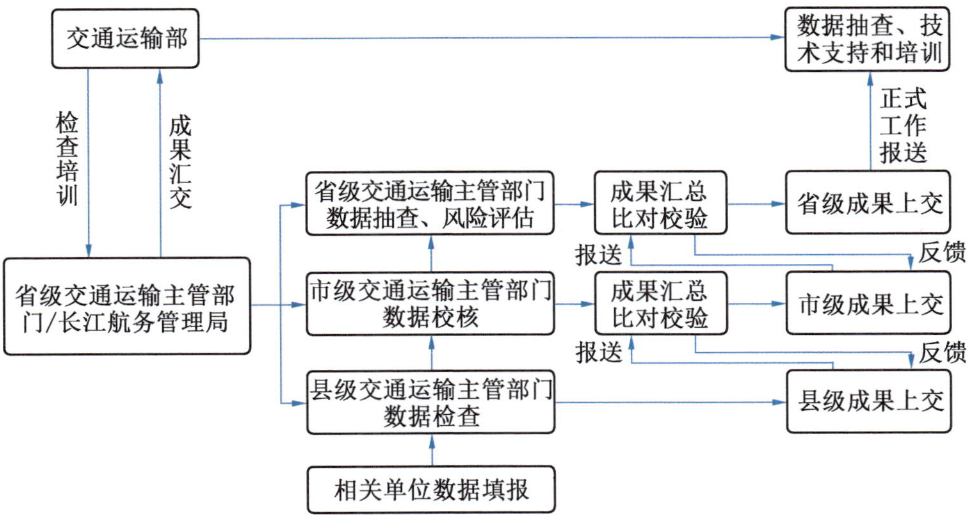


图 2-1　调查实施流程图 1

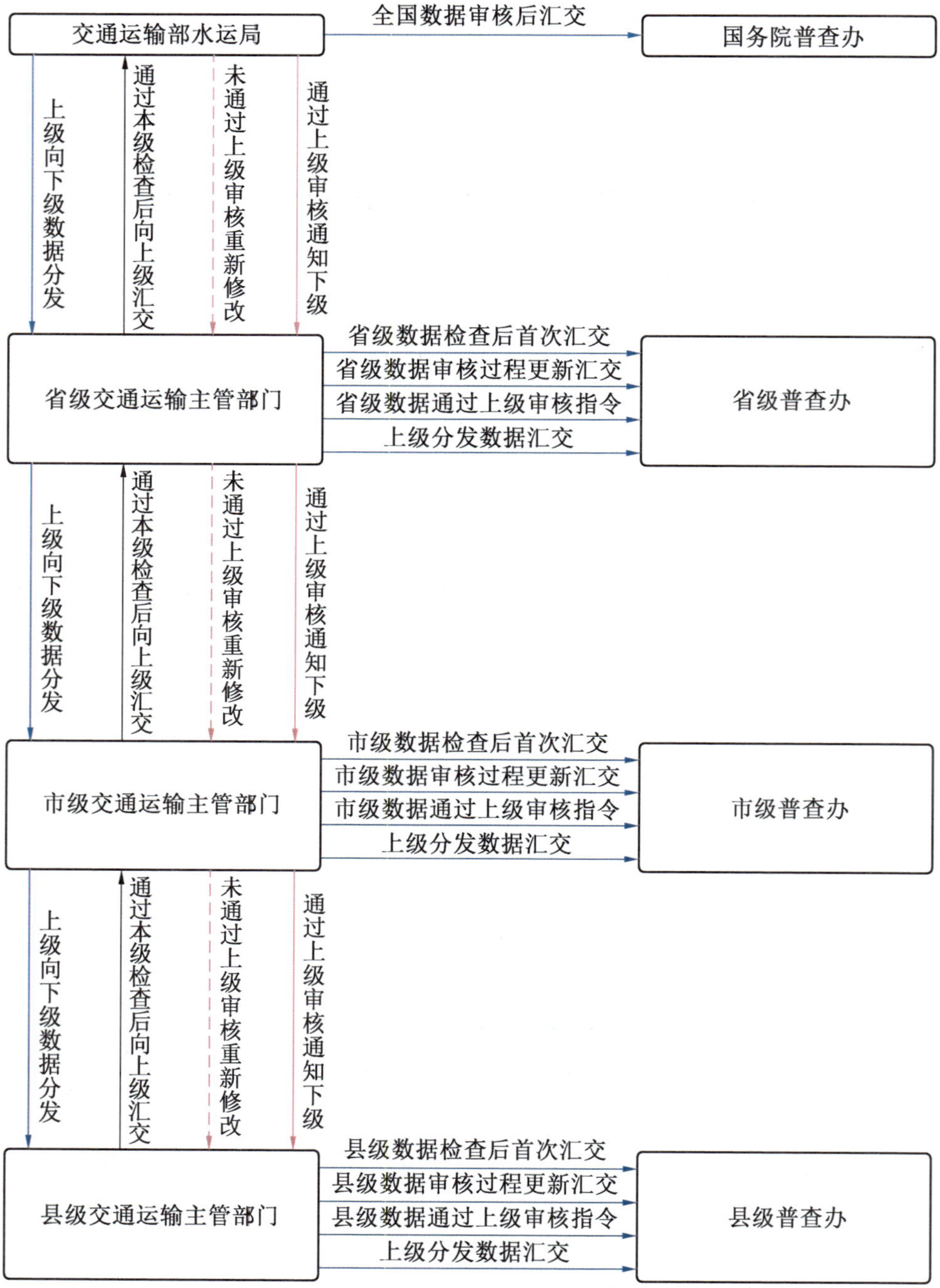


图 2-2　调查实施流程图 2

## 一、准备阶段

准备阶段各部门各司其职，其中：交通运输部负责制定方案、组织编制技术指南、组织建设信息采集系统、组织试点技术培训和会战总结工作、统一制作下发普查工作底图、负责技术指导等工作。省级交通运输主管部门下发工作实施方案和工作部署安排，会同各部门共同推进普查工作的有序进行，县（区）级交通运输主管部门负责组织具体水路承灾体普查工作。地方各级交通运输主管部门要充分发挥地方技术单位的技术优势，调动各方积极参与，提高技术支撑能力。

## 二、启动阶段

启动阶段包含工作动员部署及业务培训两项内容。启动阶段是普查实施前的关键阶段，该阶段任务的完成情况直接影响普查工作的完成度。两项内容均由省级政府相关部门根据当地情况组织开展。

工作动员部署：需要省、市、县区各级部门通过动员工作明确普查工作的要求、重要性、意义，明确各级政府及部门的工作职责和相应工作部署。

业务培训：参加省级或市县级任务的专业队伍须在开展普查工作前通过省级组织的培训。业务培训工作中应注意方式方法，应结合试点中的相关案例，根据水路承灾体普查技术指南和教材，组织各级水路承灾体普查负责部门、工作组、工作人员深入学习水路承灾体普查的流程，操作方法及相关工作技术要点。

培训应达到以下目标：

（1）使相关参与人员深刻认识风险普查工作的重要性，增强参与人员的责任感和使命感。

（2）使相关参与人员深入了解风险普查的目标、主要任务、普查的范围、内容以及主要的技术路线，掌握普查工作各项任务的工作流程、步骤、技术方法、质量控制方法以及成果汇交形式。

（3）使相关参与人员获得持续性的培训和反馈，建设一支专业、高效、文明的普查队伍，为风险普查项目的顺利开展提供人员保障和技术支撑。

（4）加强全国防灾减灾救灾行业体系建设。通过培训，使各级工作人员能够充分认识到我国自然灾害基本国情和工作短板，更加科学地掌握致灾规律，全面提升综合防灾能力，为降低自然灾害风险、构建人类命运共同体作出积极贡献。

## 三、水路承灾体普查和质量自检

水路承灾体普查工作实施人员以交通运输部下发的水路承灾体普查工作底图为基础，首先根据相关资料在计算机端水路承灾体信息采集系统上填写《港口普查表》《内河航道普查表》《通航建筑物普查表》和《航运枢纽普查表》中内业普查部分，其次通过现场普查并检查内业普查部分，完成填写以上表格中的外业普查内容。现场普查的基础数据要准确、完整且格式符合普查要求，当前水路承灾体普查工作结束前转往下一水路承灾体普查前，普查小组应进行初步普查数据完整性及合规性自查。每个普查区域结束后，利用内业软件在计算机端进行核查。对于存疑的数据资料，应二次现场检查进行核实，并将有误或缺项部分数据进行修改覆盖、补充。最后将水路承灾体普查内容及相关影像资料上传汇总提交县（区）级工作组。

市、县各级交通运输主管部门按照组织实施主体对本级形成的数据成果进行质量自检。

## 四、质量核查

省、市各级交通运输主管部门对下一级部门提交汇集的普查成果进行质量核查。其中，省级对市级交通运输主管部门质量自检的数据成果进行质量核查，市级对县级交通运输主管部门质量自检的数据成果进行质量核查。

## 五、质量抽查

国家、省两级交通运输主管部门对省、市、县各级数据成果进行按比例抽样抽检，评估各级各地普查任务完成质量。

## 六、成果

成果通过数据共享和承灾体实地普查工作，全面获得全国、省、市、县四级行政单元主要类型承灾体分布、数量、设防水平等信息，形成分省、市、县级统计汇总表，以及水路承灾体普查系列成果。

（一）数据成果

（1）港口属性普查数据集。

（2）内河航道属性普查数据集。

（3）通航建筑物属性普查数据集。

（4）航运枢纽属性普查数据集。

（5）水路承灾体自然灾害综合风险评估需求信息数据集。

（二）文字报告成果

（1）自然灾害综合风险水路承灾体普查工作总结报告。

（2）自然灾害综合风险水路承灾体普查相关质控报告。包括质量检查报告、质量审核报告、质量抽查报告。

# 第二节　评估实施流程

（1）采用水路灾害风险调查采集系统（简称采集系统）填报水路承灾体属性信息、自然灾害信息和结构灾害信息。

（2）采用采集系统填报总体风险评估指标，由采集系统计算危险性指数，自动完成风险等级划分和风险区划。

（3）成果汇总比对校验过程中，由相关行业专家以填报的基础信息和其他资料为依据，对风险等级划分和风险区划进行核对，实现定性和定量分析方法的结合，使结论更加科学。

风险评估实施流程图如图 2-3 所示。

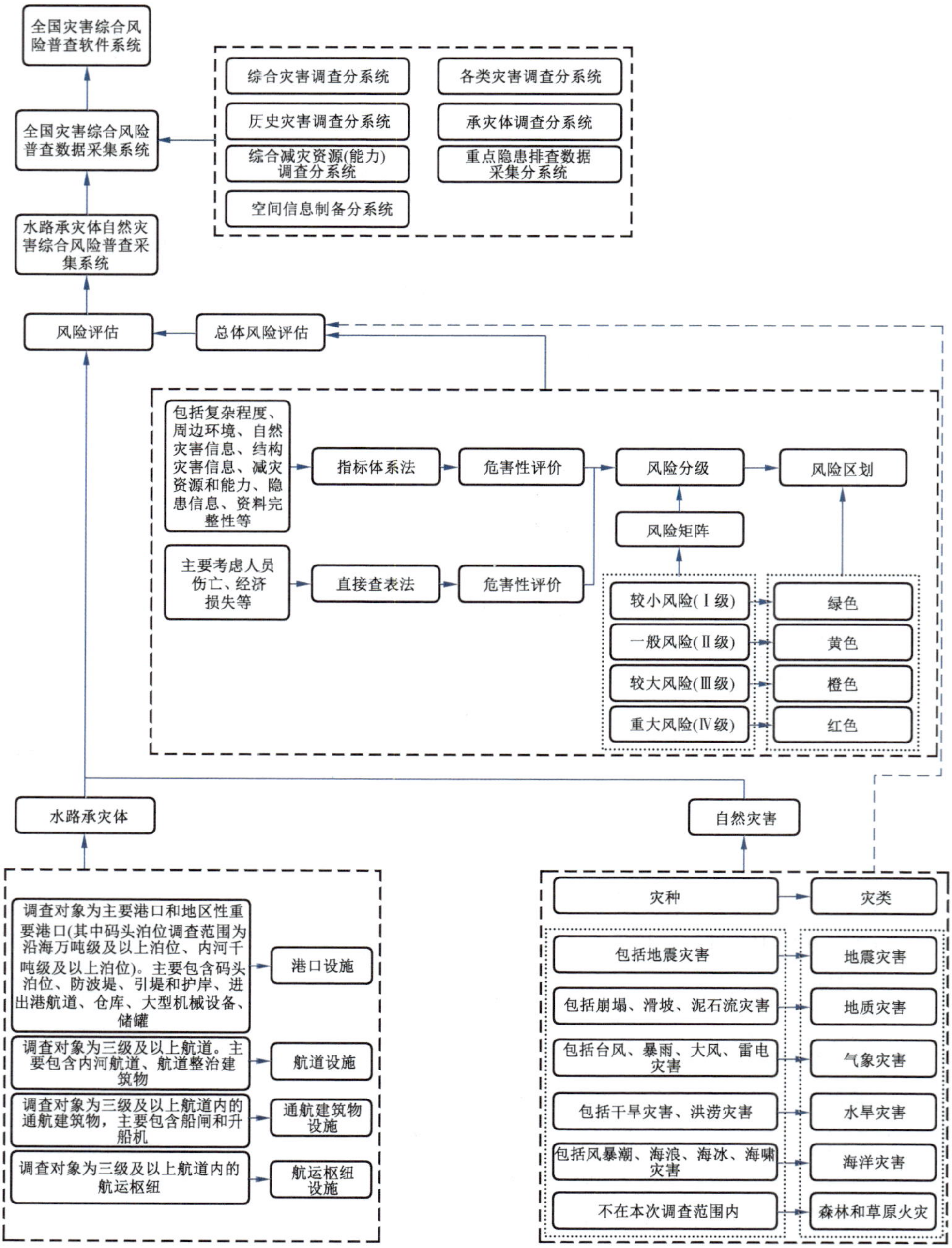


图 2-3 风险评估实施流程图

## 第三节 调查操作流程

### 一、调查准备

（一）组建调查组

由3人以上，港口航道与海岸工程相关专业工程师及高级工程师组成调查组。调查人员需经专业培训，身体健康，工作认真负责，具有一定的专业知识和分析处置隐患能力，同时具备一定的照相技术。资料调查、现场检查、记录、拍照应分工明确并协调配合。

（二）制定调查工作流程

（1）确定调查范围：本次对县级范围内符合要求的水路承灾体进行基本信息的调查工作。

（2）档案资料调查：收集档案资料，划定水路承灾体分布的区域，确定可能存在隐患的地区，选定调查路线。

（3）外业现场调查：积极组织人力、物力按选定的调查路线对水路承灾体进行外业调查。

（4）根据调查结果、损坏情况及技术状况，为风险评价和区划提供依据。

（三）准备常规调查设备

（1）清洁工具：扫帚、钢刷、刮刀、铲子等。

（2）检测工具：钢直尺、钢卷尺、测距仪、量角器、铅锤等。

（3）协助目视检测工具：手电筒、放大镜等。

（4）记录工具：调查表、记事本、照相机、粉笔或标识笔等。

（5）其他设备：工具袋、工作服、雨衣、医药箱等。

（四）其他

准备运输车辆、交通船及相关资料等。

## 二、实施步骤

### （一）档案资料调查

#### 1. 档案资料收集

档案资料主要包括：

（1）勘察设计资料：港区平面图（或规划图）、初步设计报告、竣工平面图、典型断面图等电子版资料。

（2）养护、维修与加固资料：灾害事故报告等。

#### 2. 确定调查路线

根据档案资料，对水路承灾体重要性进行分级，综合分析比较后对调查路线、调查的重点进行排序，最终确定调查优先权。

#### 3. 调查步骤

依据档案资料填写水路承灾体普查表，完善相关信息。

对查询到的档案资料，不建议将档案带出档案室，避免档案丢失。建议现场对档案资料进行拍照留存并记录，档案资料照片不准外传。档案资料拍照完毕后根据照片内容，填写水路承灾体普查表，并安排专人进行核查，确保填写内容准确无误。

### （二）外业现场调查

#### 1. 调查步骤

（1）按选定路线到达水路承灾体。

（2）按水路承灾体普查表要求的内容进行各项检查，并认真做好检查记录。

（3）记录存在隐患的部位，并标识拍照。

（4）及时归档各类图片、照片、影像等原始资料和实地调查获得的其他补充资料。

#### 2. 调查内容

外业现场调查是对档案资料进行核实补充，确定已有资料的准确性和完备性。调查内容详见第三章第一节。

## 三、人员安排

(1) 选用参加港口航道与海岸工程相关专业工作5年以上的工程师进行资料处理、10年以上的高级工程师进行资料整理、复核。组长对所有普查结果进行审核，确保调查信息的准确无误。

(2) 档案资料调查应由港口航道与海岸工程相关专业工程师完成。现场对档案资料进行拍照留存并记录，填写水路承灾体普查表。

(3) 外业现场调查应由港口航道与海岸工程相关专业工程师完成，必要时可带领非专业人员完成。现场对水路承灾体重要部位进行拍照并记录，并现场核对水路承灾体普查表，填报隐患信息。

(4) 资料整理工作应由港口航道与海岸工程相关专业工程师完成。

(5) 外业现场核查应由港口航道与海岸工程相关专业高级工程师完成，确保调查内容准确无误。

(6) 成果资料核查应由港口航道与海岸工程相关专业高级工程师完成，确保成果资料准确无误。

## 四、数据汇交

### (一) 资料整理

对档案资料调查和外业调查的全部成果进行整理，并核查档案资料与外业调查结果不一致处，资料整理内容包括：档案资料照片、现场照片、所有记录文件和水路承灾体普查表。

### (二) 外业现场核查

根据整理的档案资料，核查外业现场记录资料是否准确、是否漏项、用词是否规范、外业现场调查工作是否满足要求等。若出现疑问、错误等问题，查找原因，立即解决，必要时现场复查调查结果。

### (三) 成果资料核查

根据整理的档案资料，核查成果资料是否准确、是否漏项、用词是否规范、调查工作是否满足要求等。若出现疑问、错误等问题，查找原因，立即解决，必要时重新进行调查。

## 五、质量控制

### （一）总体要求

为保障普查成果的科学性、客观性、完整性，全面加强质量控制工作，建立过程质量控制、分类分级质量管理、质量控制的监督抽查机制，明确国家和地方各级各部门开展专项成果和综合成果的质量管理职责、任务和办法。统一制订全国自然灾害综合风险普查成果质检与核查、汇交、审核、验收等制度，及相关技术细则，在软件系统建设中设计开发必要的质检功能和工具，支撑质量管理工作的开展。

1. 过程质量控制

普查实行全过程质量控制，各项内容根据实施环节和成果特点，确定过程质量控制的工作节点和程序，制定各阶段质量控制的内容、技术方法和要求、组织实施及监督抽查办法，并做好工作记录。过程质量控制重点包括：①普查原始资料的质量核查；②遥感影像数据的处理和解译的质量控制；③外业调查的质量控制；④普查数据库的质量控制；⑤信息系统建设的质量控制；⑥风险评估与区划的质量控制；⑦成果发布前的质量控制。

2. 分类分级质量管理

为保证普查成果的真实性和准确性，按照普查技术标准规范要求，建立分类分级质量管理体系，即行业部门负责本行业普查成果质量管理；普查成果按照县市级自检、省市级核查、国家省级抽查的三级检查制度进行分级质量管理。国家普查机构对地方的普查质量管理工作进行监督和指导。地方各级普查领导机构负责本级普查成果的质量管理工作，并定期向上级普查机构汇报质量管理工作情况。

3. 质量控制的监督抽查

监督抽查的内容包括普查质量管理工作的开展情况、质量检查和验收的执行情况、成果质量状况等，监督检查采取现场巡视、调查与座谈、质量记录查阅、成果质量抽检等形式不定期开展。

（二）行业要求

1. 质量自检

质量自检方法包括软件检查、人工检查和遥感核查等。质量自检可由技术支撑单位协助完成。

对于质量自检不合格的任务，退回原采集单位限期整改完成。

质量自检阶段质量控制要点：

（1）是否编制各类普查对象的数据采集工作计划，数据采集范围是否全面。

（2）采集单位的数据采集任务是否落实责任人和责任单位。

（3）各类普查数据的采集方法是否明确，并按照档案、访问、实测和推算的顺序，检查选用的数据获取方式是否合理。

（4）普查数据是否与已有的规划、勘察和设计成果进行比对。

（5）普查对象的位置坐标数据和精度是否满足填报要求。

（6）各类普查对象的关联关系是否合理，是否进行过调查、核实和补查工作。

（7）数据处理人员有无检查数据采集与录入情况，并进行数据审核，数据是否完整、规范和真实，数据来源是否可靠，有无基层数据重采、重报和核实订正的记录，是否提交数据采集情况的检查审核报告。

（8）是否利用电子工作底图，通过图表一致性检查，进一步复核普查对象的分布与数量。

（9）汇交的数据有无质量检查报告。

（10）相关报告是否签字盖章。

（11）其他。

2. 质量核查

质量核查方法包括软件检查、人工检查、现场核查和遥感核查等，必要时采取专家评审会方式完成。质量核查可由技术支撑单位协助完成。

软件检查过程中，利用数据核查软件的自检和人工对比检查功能，对上报数据进行筛查，核实上报信息的规范性、完整性、一致性、合理性等。其中：①完整性检查，如核实必填项是否准确填报；②逻辑性检查，如核实数值数据填报范围是否合理，是否缺少关键有效信息，以及数据之间的逻辑性是否一致；③空间拓扑检查，如核实不同面单元之间是否存在重叠，核实不同线单元之间是否存在交叉。

遥感核查过程中，将数据成果信息与高精度遥感影像匹配，进行核查。包含遥感解译核查、属性信息检查、空间信息检查等。其中：①遥感解译核查，如利用高精度遥感影像数据开展特征解译，识别并核对水路承灾体信息空间位置是否准确，数量是否一致，是否有重复和遗漏上报内容；②属性信息检查，如核实对上报信息与高精度遥感影像数据是否匹配，利用量测工具对水路承灾体的位置偏移程度进行估算，判断是否在 10 m 合理误差内；③空间信息检查，如将上报的坐标数据按照顺时针顺序转换为面状或线状矢量数据，判断转换后的面状或线状数据空间位置是否准确，形状是否合理及完整。

数据成果质量检查，上一级交通运输主管部门对下一级报送的普查数据，依据本规则对数据成果规范性、完整性、一致性、合理性等方面进行复核，同时从空间分布、同一规模对比、关联分析等方面进行数据质量检查，并出具质量审核报告。

上一级交通运输主管部门负责核查下一级的数据成果，质检核查不合格的，退回下一级部门修改并重新上报，最终确保各级普查成果整体质量。

质量核查阶段质量控制要点如下：

（1）有无质量检查报告。

（2）数据填报是否规范（主要指文字或数字表述、计量单位、小数位数等内容），是否符合指标解释要求。

（3）普查数据项之间逻辑关系的一致性、数据取值是否合理。

（4）检查自然灾害信息等与其他政府部门数据的一致性。

（5）检查普查对象的隐患信息与实际情况的一致性。

（6）其他。

3. 质量抽查

质量抽查方法包括软件检查、人工检查和遥感核查等。质量抽查可由技术支撑单位协助完成。

质量抽查的内容包括普查质检和核查工作的开展情况、数据（成果）质量状况等，督查采取现场巡视、调查与座谈、质量记录查阅、数据成果质量抽检等形式不定期开展。

在抽检样本范围中，质检合格率达到95%以上认定为数据成果整体质量合格；质检合格率在90%~95%的，认定为数据成果整体质量基本合格，对质检发现的问题反馈地方，整改后重新提交；质检合格率低于90%的，认定为数据成果整体质量不合格，除整改提交外，还将在全国范围内进行通报。

质量抽查阶段质量控制要点如下：

（1）是否进行数据质量审核，有无质量审核报告。

（2）检查数据填报的完整性和规范性。

（3）核实各类普查指标数据和普查对象关联关系数据的来源和采集方法，检查数据填报的可靠性。

（4）查阅普查空间数据，检查对象坐标采集情况，核查空间数据的有效性。

（5）检查自然灾害信息等与其他政府部门数据的一致性。

（6）检查普查对象的隐患信息与实际情况的一致性。

（7）其他。

## 第四节　引用规范名录

凡是注明日期的引用文件，仅所注日期的版本适用本文件。凡是不注明日期的引用文件，其最新版本（包括所有的修改单）适用于本文件。规范性引用文件见表2-1。

表2-1 规范性引用文件

| 序号 | 编号 | 名称 |
|---|---|---|
| 1 | GB 50021—2001 | 岩土工程勘察规范 |
| 2 | GB/T 32572—2016 | 自然灾害承灾体分类与代码 |
| 3 | GB/T 28921—2012 | 自然灾害分类与代码 |
| 4 | MZ/T 031—2012 | 自然灾害风险分级方法 |
| 5 | DZ/T 0286—2015 | 地质灾害危险性评估规范 |
| 6 | DZ/T 0261—2014 | 滑坡崩塌泥石流灾害调查规范（1：50000） |
| 7 | SL 767—2018 | 山洪灾害调查与评价技术规范 |
| 8 | MZ/T 042—2013 | 自然灾害损失现场调查规范 |
| 9 | JTS 141—2011 | 水运工程设计通则 |
| 10 | JTS 165—2013 | 海港总体设计规范 |
| 11 | JTS 167—2018 | 码头结构设计规范 |
| 12 | JTS 154—2018 | 防波堤与护岸设计规范 |
| 13 | JTS 181—2016 | 航道工程设计规范 |
| 14 | JTS 181-5—2012 | 疏浚与吹填工程设计规范 |
| 15 | JTS 182-1—2009 | 渠化工程枢纽总体设计规范 |
| 16 | JTS 190—2018 | 船厂水工工程设计规范 |
| 17 | JTS 153—2015 | 水运工程结构耐久性设计标准 |
| 18 | JTS 133—2013 | 水运工程岩土勘察规范 |
| 19 | JTS 147—2017 | 水运工程地基设计规范 |
| 20 | JTS 146—2012 | 水运工程抗震设计规范 |
| 21 | JTS 166—2020 | 河港总体设计规范 |
| 22 | JTJ 305—2001 | 船闸总体设计规范 |
| 23 | JTJ 307—2001 | 船闸水工建筑物设计规范 |
| 24 | — | 港口码头结构安全性检测与评估指南 |

表 2-1（续）

| 序号 | 编号 | 名称 |
| --- | --- | --- |
| 25 | 交安监发〔2017〕60 号 | 公路水路行业安全生产风险管理暂行办法 |
| 26 | 交安委办函〔2017〕50 号 | 公路水路行业安全生产风险辨识评估管控基本规范（试行） |
| 27 | 交安监发〔2017〕140 号 | 港口工程施工安全风险评估指南（沿海码头、护岸及防波堤分册） |
| 28 | 国灾险普办发〔2020〕13 号 | 第一次全国自然灾害综合风险普查实施方案（试点版） |

# 第三章　水路承灾体属性信息普查

## 第一节　调　查　内　容

### 一、港口设施

港口设施调查对象为主要港口和地区性重要港口（其中码头泊位调查范围为沿海万吨级及以上泊位、内河千吨级及以上泊位）。主要包含码头泊位、防波堤、引堤和护岸、进出港航道、仓库、大型机械设备、储罐。以作业区为调查单元。

（一）码头泊位

码头泊位调查包括空间分布、泊位数量、泊位类别、泊位吨级、泊位长度、设计使用年限、抗震设防标准、结构安全等级等。

（二）防波堤

防波堤调查包括空间分布、总长度、高度、结构类型、抗震设防标准、结构安全等级等。

（三）引堤和护岸

引堤和护岸调查包括空间分布、总长度、结构类型、抗震设防标准、结构安全等级等。

（四）进出港航道

进出港航道调查包括空间分布、航道等级、通航宽度、通航水深等。

（五）仓库

仓库调查包括空间分布、货物类别、设计荷载、抗震设防标准、结构安全等级等。

（六）大型机械设备

大型机械设备调查包括机械设备类型、抗风等级、风速设计标准等。

（七）储罐

储罐调查包括地基基础类型、形状、直径、高度、抗震设防标准等。

## 二、航道设施

航道设施调查对象为三级及以上航道。主要包含内河航道和航道整治建筑物。以基层养护航段为调查单元。

（一）内河航道

内河航道调查包括空间分布、等级、类型、宽度、维护水深、弯曲半径等。

（二）航道整治建筑物

航道整治建筑物调查包括空间分布、结构类型、长度、宽度、抗震设防标准等。

## 三、通航建筑物设施

通航建筑物设施调查对象为三级及以上航道内的通航建筑物，主要包含船闸和升船机。以单个通航建筑物为调查单元。

（一）船闸

船闸调查包括空间分布、船闸特征、建筑物等级、洪水标准、抗震设防标准、营运荷载要求等。

（二）升船机

升船机调查包括空间分布、升船机特征、建筑物等级、洪水标准、抗震设防标准、营运荷载要求等。

## 四、航运枢纽设施

航运枢纽设施调查对象为三级及以上航道内的航运枢纽。以单个航运枢纽为调查单元。

航运枢纽设施调查包括空间分布、工程规模、枢纽特征、建筑物等级、洪水标准、抗震设防标准、营运荷载要求等。

## 第二节　调　查　方　法

### 一、资料汇聚

水路承灾体属性信息普查以已有数据为基础，采用采集系统填报补充数据，并对上报资料汇聚。

### 二、实地调查

对于数据缺失或现实性不能满足要求的数据，应开展外业实地调查。

## 第三节　数　据　核　查

### 一、数据检查

应对上报的调查数据的数据文件格式、字段数量、名称、类型、长度，以及数据间关系等进行人工核查或系统校验性检查。

### 二、数据抽查

省级交通运输部门对上报资料进行抽查，根据抽查数据质量确定进一步抽查比例控制填报质量。

### 三、现场检查

利用数据检查结果，必要时结合实地查勘，核实采集数据的准确性；针对现场检查发现的问题，修订采集内容和数据。

## 第四节 示例与注意事项

### 一、港口设施

(一) 基础信息

(1) 港口名称：必填项，如天津港。

(2) 港区名称：必填项，如天津港北疆港区。

(3) 作业区名称：必填项，如集装箱码头作业区。

(4) 作业区关键点经纬度（不少于 4 个）：必填项，如 38°55′42.01″N/118°01′14.01″E。采用 2000 国家大地坐标系，连续点依序按顺时针输入采集系统。

(二) 码头泊位基本信息

(1) 泊位名称或编号：必填项，按使用单位的名称或编号。若实际泊位有名称，按照实际填写；若只有泊位编号，建议按照经营单位-泊位编号的形式填写（如××公司-01 号泊位）。

(2) 码头型式：必填项，根据类型直接选择。码头型式中直立式码头如图 3-1 所示，斜坡式码头如图 3-2 所示，浮码头如图 3-3 所示。

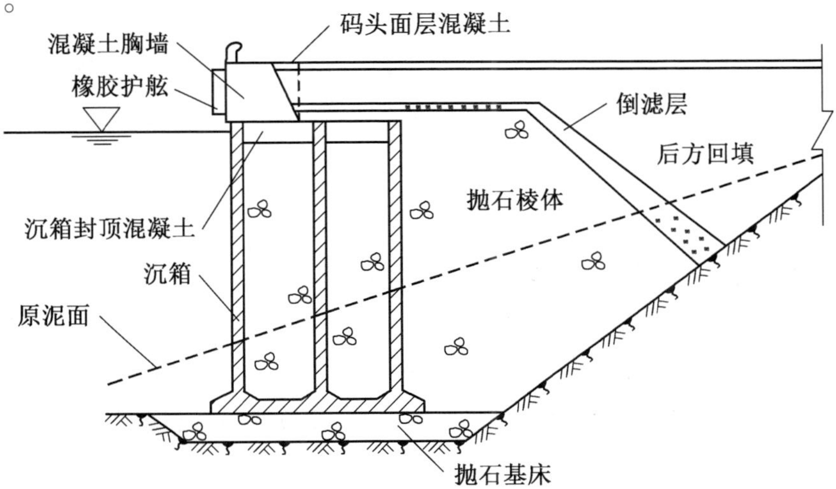


图 3-1 码头型式——直立式码头（同重力式码头）

图 3-2　码头型式——斜坡式码头

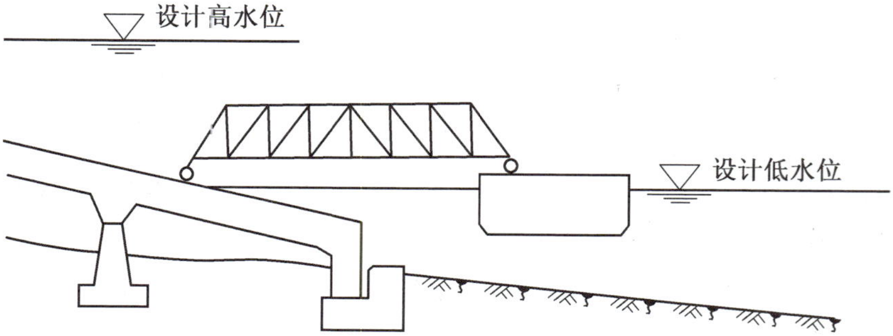


图 3-3　码头型式——浮码头

（3）结构型式：必填项，根据类型直接选择。结构型式中重力式码头如图 3-1 所示，高桩码头如图 3-4 所示，板桩码头如图 3-5 所示，墩柱式码头如图 3-6 所示。

（4）抗震设防标准：必填项，根据类型直接选择。

（5）抗震设防烈度：必填项，根据类型直接选择。

（6）结构安全等级：必填项，根据类型直接选择。

（7）泊位关键点经纬度：必填项，如 38°55′42.01″N/118°01′14.01″E。线单元，无转折点的泊位，可填报两个关键点，需要依序输入。

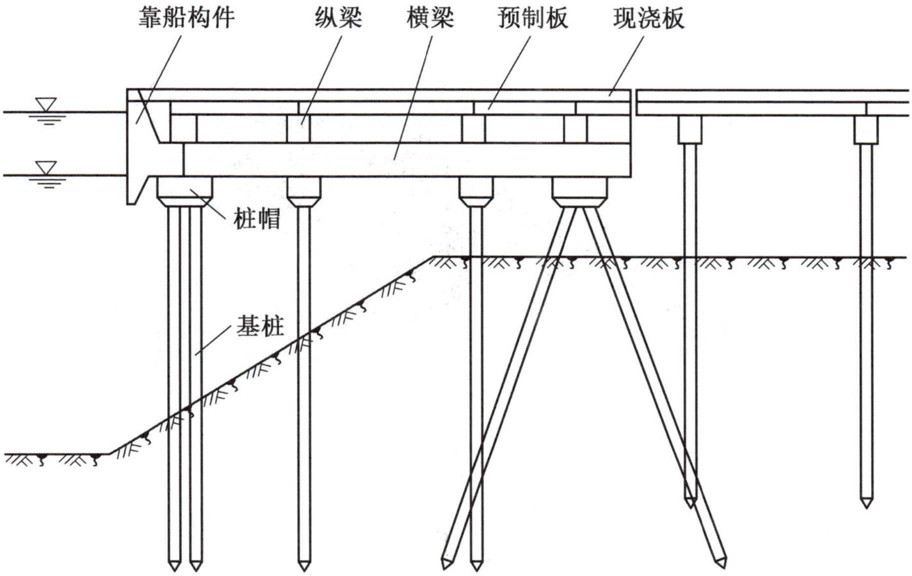


图 3-4　结构型式——高桩码头

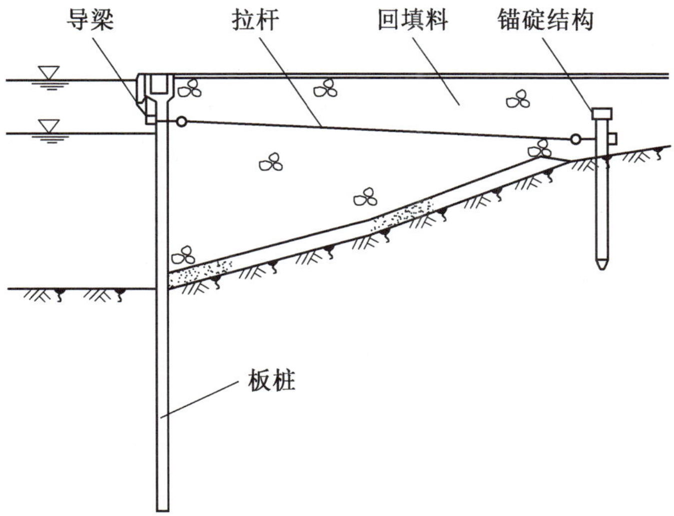


图 3-5　结构型式——板桩码头

图 3-6　结构型式——墩柱式码头

（8）引桥关键点经纬度：选填项，如 38°55′42.01″N/118°01′14.01″E。线单元，无转折点的引桥，可填报两个关键点，需要依序输入。

（9）是否危险品码头：必填项，根据是否存在危险品作业直接选择。

（10）码头泊位类别：必填项，根据类型直接选择。

（11）泊位吨级：必填项，按设计标准填写，如 50000 t 级。

（12）设计年通过能力：选填项。若无分泊位统计数据，可按照码头总量均分或按比例折算。

（13）泊位长度：必填项，按竣工验收值填写。

（14）设计使用年限：必填项，按设计标准填写。

（15）码头前沿顶高程：必填项，按竣工验收值填写。使用 1985 国家高程基准计量。

（16）码头前沿底高程：必填项，按竣工验收值填写。使用 1985 国家高程基准计量。

（17）洪水设防重现期（内河）：必填项。内河，按设计标准填写。

（18）极端高水位：必填项，按设计采用值填写。沿海，使用

1985 国家高程基准计量。

（19）极端低水位：必填项，按设计采用值填写。沿海，使用 1985 国家高程基准计量。

（20）设计高水位：必填项，按设计采用值填写。沿海，使用 1985 国家高程基准计量。

（21）设计低水位：必填项，按设计采用值填写。沿海，使用 1985 国家高程基准计量。

（22）设计最高通航水位（内河）：必填项。内河，按设计采用值填写。使用 1985 国家高程基准计量。

（23）设计最低通航水位（内河）：必填项。内河，按设计采用值填写。使用 1985 国家高程基准计量。

（24）设计高水位 50 年一遇设计波高：必填项。沿海，按设计采用值填写。一般取垂直于码头泊位方向设计波高最大值。

（25）设计波浪周期：必填项。沿海，按设计采用值填写。

（26）设计流速：选填项，按设计采用值填写。

（27）设计风速：选填项，按设计采用值填写。

（28）建成投入使用时间：必填项，实际或预计的竣工验收日期，如 2001 年 1 月 1 日。

（29）造价：必填项，竣工决算价或批复的码头概算金额，如 5000 万元。无具体造价数据时，建议采用评估值。

（三）防波堤

（1）防波堤名称：必填项，如天津大沽口港区东防波堤。

（2）防波堤关键点经纬度：必填项，中心线上关键点，如 38°55′42.01″N/118°01′14.01″E。

（3）防波堤高度：必填项，填报关键点对应的防波堤高度（同一断面处防波堤堤顶与堤底高程差值）。

（4）总长度：必填项，填写防波堤的总长度，如 1000 m。

（5）结构类型：必填项，根据类型直接选择。结构类型中斜坡式如图 3-7 所示，直立式如图 3-8 所示，混合式如图 3-9 所示。

（6）结构安全等级：必填项，根据类型直接选择。

（7）抗震设防标准：必填项，根据类型直接选择。

（8）抗震设防烈度：必填项，根据类型直接选择。

（9）设计使用年限：必填项，按设计标准填写。

（10）设计高水位：必填项，按设计采用值填写。使用 1985 国家高程基准计量。

（11）设计高水位高潮累计频率：必填项，按设计标准填写。

图 3-7 结构类型——斜坡式

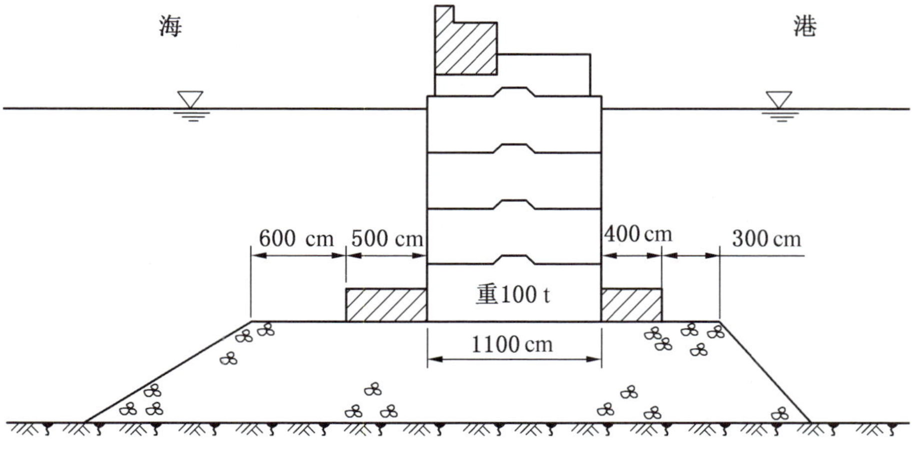


图 3-8 结构类型——直立式

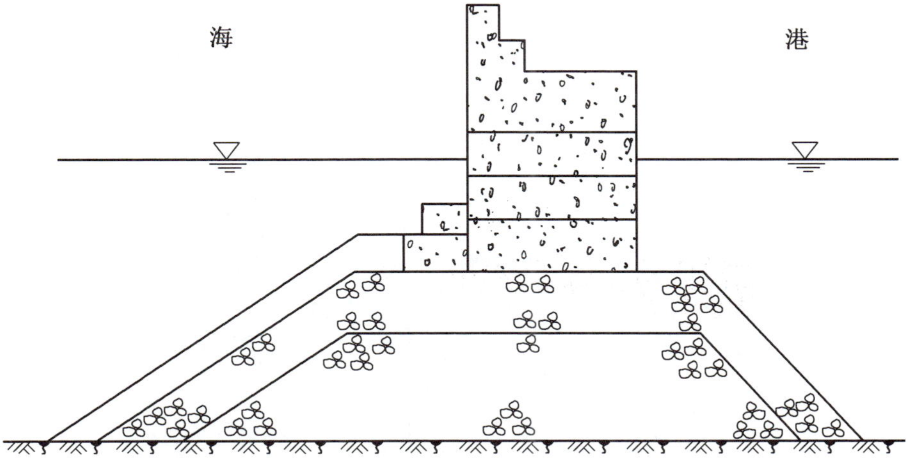


图 3-9 结构类型——混合式

（12）设计高水位 50 年一遇设计波高：必填项，按设计标准填写。一般取不同方向设计波高最大值。

（13）消浪块体类型：必填项，按类型直接选取。消浪块体类型中扭王字块如图 3-10 所示，扭工字块如图 3-11 所示，四角锥体如图 3-12 所示。

图 3-10 消浪块体类型——扭王字块

图 3-11　消浪块体类型——扭工字块

图 3-12　消浪块体类型——四脚锥体

（14）消浪块体单块质量：必填项，按竣工验收填写。

（15）建成投入时间：必填项，实际或预计的竣工验收日期，如 2001 年 1 月 1 日。

（16）造价：必填项，竣工决算价或批复的防波堤概算金额，如 5000 万元。无具体造价数据时，建议采用评估值。

（四）引堤和护岸

（1）引堤和护岸关键点经纬度：必填项，以中心线上关键点为此项，如 38°55′42.01″N/118°01′14.01″E。线单元，不少于 3 个关键点，需要依序输入。

（2）总长度：必填项，填写堤和护岸的总长度，如 1000 m。

（3）结构类型：必填项，根据类型直接选择。

（4）结构安全等级：必填项，根据类型直接选择。

（5）抗震设防标准：必填项，根据类型直接选择。

（6）抗震设防烈度：必填项，根据类型直接选择。

（7）设计使用年限：必填项，按设计标准填写。

（8）护岸斜坡坡度：选填项，仅对斜坡式结构类型进行填写，如 1∶3。

（9）极端高水位：必填项，按设计采用值填写。使用 1985 国家高程基准计量。

（10）极端高水位重现期：必填项，按设计采用值填写。

（11）建成投入时间：选填项，实际或预计的竣工验收日期，如 2001 年 1 月 1 日。

（12）造价：选填项，竣工决算价或批复的概算金额，如 5000 万元。无具体造价数据时，建议采用评估值。

（五）进出港航道

（1）进出港航道名称：必填项，如天津市北疆港区进出港航道。

（2）进出港航道关键点经纬度：必填项，如 38°55′42.01″N/118°01′14.01″E。主航道中心线关键点中，每三个连续采样点所组成的夹角不应小于 130°。

（3）方位角：选填项，按设计采用值填写。

（4）长度：必填项，如 2.2 km。

（5）航道等级（内河）：必填项。内河，根据类型直接选择。

（6）航道船型设计标准：必填项。沿海，按设计标准填写，如 5 万吨级。

(7) 通航宽度：必填项，如 150 m。

(8) 通航水深：必填项，如 15 m。

(9) 设计流速：选填项，按设计采用值填写。

(10) 设计风速：必填项，按设计采用值填写。

(11) 建成投入使用时间：选填项，实际或预计的竣工验收日期，如 2001 年 1 月 1 日。

(12) 造价：选填项，竣工决算价或批复的概算金额，如 5000 万元。无具体造价数据时，建议采用评估值。

(六) 仓库

(1) 仓库名称：必填项。

(2) 货物类别：必填项，根据类型直接选择。

货物分类依据：《港口危险货物安全管理规定》和《危险货物分类和品名编号》(GB 6944—2012)，包含普通货物和危险货物，其中危险货物分为：

第 1 类：爆炸品。1.1 项：有整体爆炸危险的物质和物品。1.2 项：有迸射危险，但无整体爆炸危险的物质和物品。1.3 项：有燃烧危险并有局部爆炸危险或局部迸射危险或这两种危险都有，但无整体爆炸危险的物质和物品。1.4 项：不呈现重大危险的物质和物品。1.5 项：有整体爆炸危险的非常不敏感物质。1.6 项：无整体爆炸危险的极端不敏感物品。

第 2 类：气体。2.1 项：易燃气体。2.2 项：非易燃无毒气体。2.3 项：毒性气体。

第 3 类：易燃液体。

第 4 类：易燃固体、易于自燃的物质；遇水放出易燃气体的物质。4.1 项：易燃固体、自反应物质和固态退敏爆炸品。4.2 项：易于自燃的物质。4.3 项：遇水放出易燃气体的物质。

第 5 类：氧化性物质和有机过氧化物。5.1 项：氧化性物质。5.2 项：有机过氧化物。

第 6 类：毒性物质和感染性物质。6.1 项：毒性物质。6.2 项：

感染性物质。

第 7 类：放射性物质。

第 8 类：腐蚀性物质。

第 9 类：杂项危险物质和物品，包括危害环境物质。

（3）长度：必填项，如 200 m。

（4）宽度：必填项，如 50 m。

（5）设计荷载：必填项，按设计荷载填写，如 60 kPa。

（6）抗震设防标准：必填项，根据类型直接选择。

（7）结构安全等级：必填项，根据类型直接选择。

（8）抗震设防烈度：必填项，根据类型直接选择。

（9）设计使用年限：必填项，按设计标准填写。

（10）地面高程：必填项，按竣工验收填写。使用 1985 国家高程基准计量。

（11）建成投入使用时间：必填项，实际或预计的竣工验收日期，如 2001 年 1 月 1 日。

（12）造价：必填项，竣工决算价或批复的概算金额，如 5000 万元。无具体造价数据时，建议采用评估值。

（七）大型机械设备

（1）机械设备名称：必填项，按设备说明书填写。

（2）规格型号：选填项，按设备说明书填写。

（3）机械设备类型：必填项，根据分类直接选择。

（4）抗风等级：必填项，按设计标准填写，可参照设备说明书或规范等，区分工作状态和非工作状态。

（5）风速设计标准：必填项，按设计标准填写，可参照设备说明书或规范等，区分工作状态和非工作状态。

（6）建成投入使用时间：必填项，实际或预计的竣工验收日期，如 2001 年 1 月 1 日。

（7）造价：必填项，竣工决算价或批复的概算金额，如 5000 万元。无具体造价数据时，建议采用评估值。

（八）储罐

（1）罐区名称：必填项，按运营单位（或未来运营单位）罐区名称填写。建议罐区按照储存介质种类分类填报，罐区名称相应调整为“罐区名称+储存介质”，如“××罐区+原油”。

（2）货物名称：必填项，如原油。

（3）地基基础类型：必填项，根据分类直接选择。

（4）储罐总数量：必填项。

（5）桩基础类储罐编号：必填项，指储罐基础为桩基础类的各储罐编号。

（6）处理后地基类储罐编号：必填项，指储罐基础为处理后地基类的各储罐编号。

（7）形状：必填项，根据分类直接选择。

（8）直径范围：必填项，建议取内径，如 10~30 m。

（9）高度范围：必填项，如 8~15 m。

（10）总存储能力：必填项，指本张表格所涉储罐存储能力总和，如 300000 $m^3$。

（11）抗震设防标准：必填项，根据分类直接选择。

（12）设计使用年限：必填项，按设计标准填写。

（13）抗震设防烈度：必填项，根据类型直接选择。

（14）储罐防雷类别：必填项，按设计标准填写。

（15）储罐雷电流设计值：选填项，按设计采用值填写。

（16）建成投入使用时间：必填项，实际或预计的竣工验收日期，如 2001 年 1 月 1 日。

（17）造价：必填项，竣工决算价或批复的概算金额，如 5000 万元。无具体造价数据时，建议采用评估值。

## 二、航道设施

（一）内河航道

（1）航道名称：必填项，如京杭大运河，可结合实际情况自主确定填报的分段数。

（2）内河航道关键点经纬度：必填项。航道轴线，如 38°55′42.01″N/118°01′14.01″E。主航道中心线关键点中，每三个连续采样点所组成的夹角不应小于 130°。相邻两点的连线不得与陆域相交。

（3）通航里程：必填项，被调查航道的实际里程，即从航道起始点开始起算，沿航道中心线量算至终止点的里程数。

（4）建设单位：选填项，航道建设的投资方，以批复的初步设计报告中的建设单位为准。

（5）管养单位：必填项，对航道行使管理职能和养护职责的单位，以填报时的管养单位为准。

（6）航道等级：必填项，根据分类直接选择。

（7）航道类型：必填项，根据分类直接选择，其中⑤和⑥项为选填项。

（8）航道尺寸：必填项，当航道尺寸非定值时，填写尺寸范围。宽度（m）指设计最低通航水位时，设计船舶吃水水深处垂直于航道中心线的航道两底边线之间的水平距离，精度为 0.1 m。维护水深（m）指在该段航道内最小水深，精度为 0.1 m。弯曲半径（m）指弯曲航道中心线的圆弧半径，精度为 1 m。

（9）建成投入使用时间：选填项，实际或预计的竣工验收日期，如 2001 年 1 月 1 日。无据可查时填写小于已知年份的整数年份，如 2001 年。

（10）造价（万元）：选填项，竣工决算价或批复的航道概算金额，如 5000 万元。无具体造价数据时，建议采用评估值。

（二）航道整治建筑物

（1）编号：选填项，可采用航道管养单位制定的编号。

（2）航道整治建筑物关键点经纬度（不少于 3 个）：必填项。中心线上关键点，如 38°55′42.01″N/118°01′14.01″E。线单元，不少于 3 个关键点，需要依序输入。

（3）名称：必填项。若无具体名称，建议按照“航段名称-岸别-编码”命名，如“京杭运河新潘庄至白龙大桥西侧-护岸-01”。其中岸别选择项：护滩、护底、护岸、丁坝、顺坝、锁坝、填槽、鱼嘴、栅栏坝、其他。航道整治建筑物分类见表 3-1。

表 3-1 航道整治建筑物分类

| 名称 | 特征描述 | 照片 |
|---|---|---|
| 护滩 | 为防止塌滩而在滩岸线上做的防护工程 |  |
| 护底 | 保护河床床面防止被水流冲刷的措施 |  |
| 护岸 | 在原有的岸坡上采取人工加固的工程措施，用来防御波浪、水流的侵袭和淘刷及地下水作用，维持岸线稳定 |  |
| 丁坝 | 与河岸正交或斜交伸入河道中的河道整治建筑物。该坝的端与堤岸相接成“T”字形 |  |

表 3-1（续）

| 名称 | 特征描述 | 照片 |
| --- | --- | --- |
| 顺坝 | 一种纵向河道整治建筑物。坝身一般较长，与水流方向大致平行或有很小交角，沿治导线布置，又称为导流坝 |  |
| 锁坝 | 一种拦断河流汊道的水工建筑物，又称堵坝。用于塞支强干，增加主汊的流量或抬高河段水位，以利取水口引水，同时可增强主汊的输沙能力 |  |
| 鱼嘴 | 形似鱼嘴的分水建筑物，修筑在河道江心洲或河滩滩脊的迎水端，其后部多与导流堤相连，一并起分水导流入渠的作用 |  |

（4）结构类型：必填项。护滩和护底类分为软体排（散抛压载软体排、砂肋软体排、砂被软体排、混凝土系结块软体排、混凝土联锁块软体排等）和散抛体（抛石结构、透水构件结构等）。护岸类分为斜坡式和直立式，其中斜坡式护岸分为堤式和坡式。坝类分为散体结构（块石、充填袋等）和整体性结构（半圆体结构、沉箱等）。航道整治建筑物结构类型见表 3-2。

（5）材料类型：选填项。建造航道整治建筑物所用的主要材料，分为混凝土、块石、卵石、石笼、土工织物充填袋等。

表 3-2　航道整治建筑物结构类型

| 结构类型 | | | 照片 |
|---|---|---|---|
| 护滩和护底 | 软体排 | 砂肋软体排 |  |
| 护滩和护底 | 软体排 | 砂被软体排 |  |
| 护滩和护底 | 软体排 | 混凝土系结块软体排 |  |
| 护滩和护底 | 软体排 | 混凝土联锁块软体排 |  |

表 3-2（续）

<table>
<tr><th colspan="3">结构类型</th><th>照片</th></tr>
<tr><td rowspan="2">护滩和护底</td><td rowspan="2">散抛体</td><td>抛石结构</td><td></td></tr>
<tr><td>透水构件结构</td><td></td></tr>
<tr><td rowspan="2">护岸</td><td colspan="2">斜坡式</td><td></td></tr>
<tr><td colspan="2">直立式</td><td></td></tr>
</table>

表 3-2（续）

| 结构类型 | | | 照片 |
| --- | --- | --- | --- |
| 坝类 | 散体结构 | 块石 |  |
| | | 充填袋 |  |
| | 整体性结构 | 半圆体结构 |  |
| | | 沉箱 |  |

（6）长度（m）：必填项。对护滩、护底、护岸等指沿航道实际有的岸线总长度。对坝类等指整治建筑物顶面实际有的纵向长度。当为区域内同一类型航道整治建筑物时，可分别列出长度，如 15 m/20 m/25 m。

（7）宽度或顶宽（m）：必填项。对护滩、护底、护岸等指垂直于航道岸线的实际有的总宽度。对坝类等指整治建筑物顶面实际有的宽度。

（8）顶高程（m）：必填项，指护岸的护肩高程或坝类等的顶面高程。使用 1985 国家高程基准计量。

（9）护面类型：选填项。护面类型分为抛理块石、干砌块石、混凝土人工块体、浆砌块石、栅栏板、混凝土板、模袋混凝土、铁丝网护垫、铰接式联锁块、块石与充填袋混合、石笼等。护面类型见表 3-3。

（10）护底类型：选填项，分为软体排、块石、充填袋等。

表 3-3 护 面 类 型

| 名称 | 图片 |
| --- | --- |
| 抛理块石 |  |
| 干砌块石 |  |

表 3-3（续）

| 名称 | 图片 |
| --- | --- |
| 混凝土人工块体 |  |
| 浆砌块石 |  |
| 栅栏板 |  |
| 模袋混凝土 |  |

表 3-3（续）

| 名称 | 图片 |
| --- | --- |
| 铁丝网护垫 |  |
| 铰接式联锁块 |  |
| 块石与充填袋混合 |  |
| 石笼 |  |

（11）抗震设防标准：必填项，根据分类直接选择。

（12）抗震设防烈度：必填项，根据类型直接选择。

（13）建成投入使用时间：必填项，实际或预计的竣工验收日期，如 2001 年 1 月 1 日。无据可查时填写小于已知年份的整数年份，如 2001 年。

（14）造价（万元）：必填项，竣工决算价或批复的概算金额，如 5000 万元。无具体造价数据时，建议采用评估值。

### 三、通航建筑物设施

船闸是设有上、下闸首和闸室、引航道的通航建筑物，如图 3-13 所示。升船机是利用机械装置升降船舶以克服航道上集中水位落差的通航建筑物，如图 3-14 所示。

图 3-13　船闸示意图

图 3-14　升船机示意图

（一）船闸

（1）区域关键点经纬度（不少于 4 个）：必填项，如 38°55′42.01″N/118°01′14.01″E。采用 2000 国家大地坐标系，连续点依序按顺时针输入采集系统。选择主体建筑物轮廓关键点作为此项。

（2）船闸名称：必填项，如京杭运河万年闸复线船闸，按照船闸管理单元填报。多线船闸按照船闸管理单元填报，其中每一线船闸作为一个船闸填报。

（3）船闸编码：选填项，建议采用政府单位统一编码。

（4）建造年代：必填项，如 2001 年 1 月 1 日。

（5）改建年代：必填项，如 2001 年 1 月 1 日。存在多次改建的，填报最后一次改建日期。

（6）建设单位：必填项，以批复的初步设计报告中的建设单位为准。

（7）运行单位：必填项，以填报时运行单位为准。

（8）所在航道等级：必填项，根据等级直接选择。

（9）水头特征：选填项，根据等级直接选择。双向水头如图 3-15 所示，单向水头如图 3-16 所示。

（10）船闸特征：必填项，包括闸室有效尺度、设计水头、单向通过能力，如闸室有效尺度为 280 m×34 m×4.5 m（闸室有效长度×闸室净宽×槛上水深），设计水头为 10.7 m，单向通过能力为 $2450\times10^4$ t/a。

（11）建筑物等级：必填项，指水工建筑物级别、房建工程级别等，如上闸首为 2 级水工建筑物，闸室、下闸首为 3 级水工建筑物，导航、靠船、护坡等为 4 级水工建筑物，建筑结构安全等级二级，设计使用年限 50 年等。

（12）洪水标准：必填项，指船闸工程停止使用时的洪水标准，如 10 年一遇洪水时停航。

（13）营运荷载要求：必填项，指建筑物正常使用时所能承受的荷载，如地面活荷载 3 kN/$m^2$ 等。

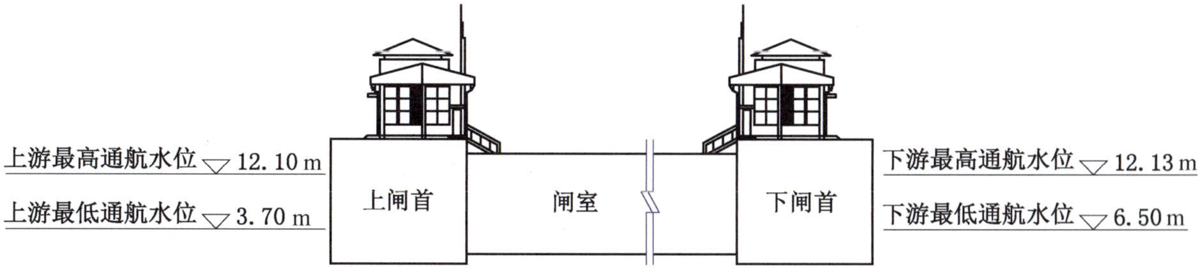


水位组合表

| 水位组合 | 上游水位/m | 下游水位/m | 设计水头/m |
| --- | --- | --- | --- |
| 正向 | 12.10 | 9.50 | 2.60 |
| 反向 | 3.70 | 10.0 | 6.30 |

图3-15 双向水头示意图(详见表格)

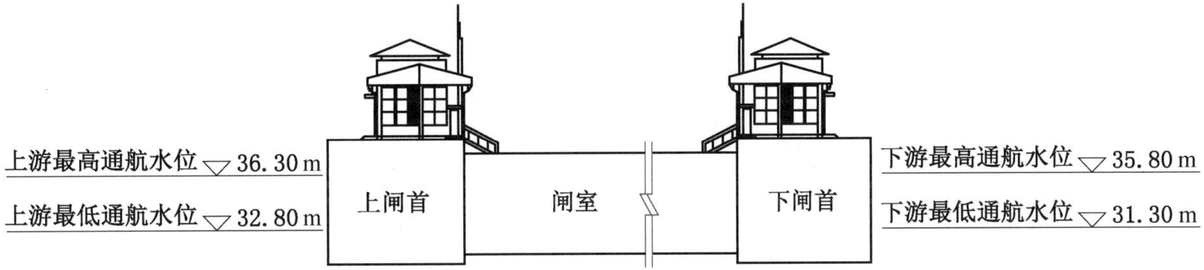


**水位组合表**

| 水位组合 | 上游水位/m | 下游水位/m | 设计水头/m |
|---|---|---|---|
| 运行1 | 36.30 | 35.80 | 0.50 |
| 运行2 | 32.80 | 31.30 | 1.50 |
| 运行3 | 35.30 | 31.30 | 4.00 |
| 检修 | 34.30 | 31.30 | 1.00 |

图3-16　单向水头示意图(详见表格)

（14）抗震设防标准：必填项，根据等级直接选择。

（15）抗震设防烈度：必填项，根据类型直接选择。

（16）建成投入使用时间：必填项，实际或预计的竣工验收日期，如2001年1月1日。

（17）造价：必填项，竣工决算价或批复的概算金额，如23625.38万元。无具体造价数据时，建议采用评估值。

（二）升船机

（1）区域关键点经纬度（不少于4个）：必填项，如38°55′42.01″N/118°01′14.01″E。采用2000国家大地坐标系，连续点依序按顺时针输入采集系统。选择主体建筑物轮廓关键点作为此项。

（2）升船机名称：必填项。

（3）升船机编码：选填项，建议采用政府单位统一编码。

（4）上闸首经纬度：必填项，如38°55′42.01″N/118°01′14.01″E。

（5）下闸首经纬度：必填项，如38°55′42.01″N/118°01′14.01″E。

（6）建设单位：必填项，以批复的初步设计报告中的建设单位为准。

（7）运行单位：必填项，以填报时运行单位为准。

（8）所在航道等级：必填项，根据等级直接填写。

（9）升船机特征：必填项，包括承船厢有效尺度、设计水头、单向通过能力，如闸室有效尺度为120 m×12 m×3.5 m（有效长度×净宽×槛上水深），设计水头为83 m，单向通过能力为$1000\times10^4$ t/a。

（10）建筑物等级：必填项，指水工建筑物级别、房建工程级别等，如上闸首为2级水工建筑物，闸室、下闸首为3级水工建筑物，导航、靠船、护坡等为4级水工建筑物，建筑结构安全等级二级，设计使用年限50年等。

（11）洪水标准：必填项，指船闸工程停止使用时的洪水标准，如10年一遇洪水时停航。

（12）营运荷载要求：必填项，指建筑物正常使用时所能承受的荷载，如地面活荷载3 $kN/m^2$等。

(13) 抗震设防标准：必填项，根据等级直接选择。

(14) 抗震设防烈度：必填项，根据类型直接选择。

(15) 建成投入使用时间：必填项，实际或预计的竣工验收日期，如 2001 年 1 月 1 日。

(16) 造价：必填项，竣工决算价或批复的概算金额，如 23625.38 万元。无具体造价数据时，建议采用评估值。

## 四、航运枢纽工程

航运枢纽是在河流上修建的以通航为主要目的的拦河闸坝、通航建筑物等设施组成的枢纽，如图 3-17 所示。

图 3-17 航运枢纽示意图

(1) 区域关键点经纬度（不少于 4 个）：必填项，如 38°55′42.01″N/118°01′14.01″E。采用 2000 国家大地坐标系，连续点依序按顺时针输入采集系统。选择主体建筑物轮廓关键点作为此项。

(2) 枢纽名称：必填项，如嘉陵江梯级渠化利泽航运枢纽设施。

(3) 枢纽编码：选填项，建议采用政府单位统一编码。

(4) 左岸起点经纬度：选填项，指坝轴线左岸连接坝段左侧端点的经纬度。

(5) 右岸终点经纬度：选填项，指坝轴线右岸连接坝段右侧端点的经纬度。

（6）建设单位：必填项，以批复的初步设计报告中的建设单位为准。

（7）运行单位：必填项，以填报时运行单位为准。

（8）所在航道等级：必填项，根据等级直接选择。

（9）工程规模：必填项，根据等级直接选择。

（10）总库容：必填项，校核洪水位以下的静容积，如 $10\times10^8$ $m^3$。

（11）设计水头：必填项，正常工作状态能够承受的最大水头，如 5 m。

（12）单向通过能力：必填项，年度单向通过的最大货运量，如 $2300\times10^4$ t/a。

（13）装机容量：必填项，实际安装的发电机组额定有效功率的总和，如 1200 MW。

（14）保护人口：必填项，设计保护人口数量，如 150 万人。

（15）保护农田：必填项，设计保护农田面积，如 500 万亩(1 亩≈666.667 $m^2$)。

（16）灌溉面积：必填项，设计灌溉面积，如 150 万亩。

（17）治涝面积：必填项，设计治涝面积，如 200 万亩。

（18）建筑物等级：必填项，指水工建筑物级别、房建工程级别等，如上闸首为 2 级水工建筑物，闸室、下闸首为 3 级水工建筑物，导航、靠船、护坡等为 4 级水工建筑物，建筑结构安全等级二级，设计使用年限 50 年等。

（19）洪水标准：必填项，指船闸工程停止使用时的洪水标准，如 10 年一遇洪水时停航。

（20）营运荷载要求：必填项，指建筑物正常使用时所能承受的荷载，如地面活荷载 3 kN/$m^2$ 等。

（21）抗震设防标准：必填项，根据等级直接选择。

（22）抗震设防烈度：必填项，根据类型直接选择。

（23）安全鉴定时间：必填项。

（24）安全鉴定结果：必填项，根据类型直接选择。大坝安全状况分为三类，分类标准如下：一类坝为实际抗御洪水标准达到《防洪标准》(GB 50201) 规定，大坝工作状态正常；工程无重大质量问题，能按设计正常运行的大坝。二类坝为实际抗御洪水标准不低于水利枢纽工程除险加固近期非常运用洪水标准，但达不到《防洪标准》(GB 50201) 规定；大坝工作状态基本正常，在一定控制运用条件下能安全运行的大坝。三类坝为实际抗御洪水标准低于水利枢纽工程除险加固近期非常运用洪水标准，或者工程存在较严重安全隐患，不能按设计正常运行的大坝。

(25) 建成投入使用时间：必填项，实际或预计的竣工验收日期，如 2001 年 1 月 1 日。

(26) 造价：必填项，竣工决算价或批复的概算金额，如 23625. 38 万元。无具体造价数据时，建议采用评估值。

# 第四章　水路自然灾害信息普查

## 第一节　调　查　内　容

### 一、水路自然灾害基础信息

水路自然灾害基础信息调查以灾种为调查对象，采取收集资料方式，主要包括经纬度、灾害发生时间、灾害结束时间等。

自然灾害灾种的划分：

（1）地震灾害包括地震灾害。

（2）地质灾害包括崩塌、滑坡、泥石流灾害。

（3）气象灾害包括台风、暴雨、大风、雷电灾害。

（4）水旱灾害包括干旱灾害、洪涝灾害。

（5）海洋灾害包括风暴潮、海浪、海冰、海啸灾害。

其中，未发生人员死亡或重伤且直接经济损失小于 10 万元的自然灾害，不在本次普查范围内。

### 二、水路承灾体结构灾害信息

（一）港口设施

港口设施包括地基滑坡、沉降变形、航道港池骤淤、航道阻塞等。

（二）航道设施

航道设施包括航道淤浅、航槽移位、洲滩冲刷、人工护岸或整治建筑物稳定性变差、航道阻塞等。

（三）通航建筑物设施

通航建筑物设施包括溃坝、沉降变形、船闸或升船机机械结构灾害（锈蚀、老化、变形）等。

（四）航运枢纽设施

航运枢纽设施包括地基滑坡、沉降变形等。

### 三、危险性评价指标信息

危险性评价指标信息包括设施复杂程度、周边环境、自然灾害信息、结构灾害信息、减灾资源和能力、隐患信息、资料完整性等。

### 四、危害性评价指标信息

危害性评价指标信息包括水路承灾体因灾重伤人口（人）、因灾死亡人口（人）、直接经济损失（万元）等。

## 第二节 调 查 方 法

### 一、资料上报

根据附录中的表格，分不同灾害类型由基层单位采用采集系统进行填报和上报。

### 二、资料汇聚

基层单位上报，逐级核查汇集。

### 三、实地调查

进行现场调查，向当地熟悉情况的人员做访问调查，对灾害进行测量和记录。

# 第三节　数　据　核　查

## 一、数据检查

（1）应对上报的调查数据的数据文件格式、字段数量、名称、类型、长度，以及数据间关系等进行人工核查或系统校验性检查。

（2）应将上报的历史水路自然灾害信息与已掌握的历年灾毁信息进行比对，核实历史数据的准确性、真实性和完整性。

## 二、数据抽查

省级交通运输部门对上报资料进行抽查，根据抽查数据质量确定进一步抽查比例控制填报质量。

## 三、现场检查

利用数据检查结果，必要时结合实地查勘，核实采集数据的准确性；针对现场检查发现的问题，修订采集的内容和数据。

# 第四节　示例与注意事项

（1）地震灾害：地壳快速释放能量的过程中造成强烈地面震动及伴生的地面裂缝和变形，对人类生命安全、建（构）筑物和基础设施等财产、社会功能和生态环境等造成损害的自然灾害。地震灾害如图 4-1 所示。

（2）地质灾害：由地球岩石圈的能量强烈释放造成剧烈运动或物质强烈迁移，或是由长期累积的地质变化，对人类生命财产和生态环境造成损害的自然灾害。

（3）气象灾害：由于气象要素的数量或强度、时空分布及要素组合的异常，对人类生命财产、生产生活和生态环境等造成损害的自

图 4-1 地震灾害示意图

然灾害。

（4）水旱灾害：主要包括干旱灾害和洪涝灾害。

（5）海洋灾害：海洋自然环境发生异常或激烈变化，在海上或海岸发生的对人类生命财产造成损害的自然灾害。

（6）崩塌灾害：陡崖前缘的不稳定部分主要在重力作用下突然下坠滚落，对人类生命财产造成损害的自然灾害。崩塌灾害如图 4-2 和图 4-3 所示。

图 4-2 崩塌灾害示意图 1

图 4-3　崩塌灾害示意图 2

（7）滑坡灾害：斜坡部分岩（土）体主要在重力作用下发生整体下滑，对人类生命财产造成损害的自然灾害。滑坡灾害如图 4-4 所示。

图 4-4　滑坡灾害示意图

（8）泥石流灾害：由暴雨或水库、池塘溃坝或冰雪突然融化形成强大的水流，与山坡上散乱的大小块石、泥土、树枝等一起相互充分作用后，在沟谷内或斜坡上快速运动的特殊流体，对人类生命财产造成损害的自然灾害。泥石流灾害如图 4-5 所示。

图 4-5　泥石流灾害示意图

（9）台风灾害：热带或副热带洋面上生成的气旋性涡旋大范围活动，伴随大风、暴雨、风暴潮巨浪等，对人类生命财产造成损害的自然灾害。台风灾害如图 4-6 所示。

图 4-6　台风灾害示意图

（10）暴雨灾害：因每小时降雨量 16 mm 以上，或连续 12 h 降雨量 30 mm 以上，或连续 24 h 降雨量 50 mm 以上的降水，对人类生命财产等造成损害的自然灾害。

（11）大风灾害：平均或瞬时风速达到一定速度（12 m/s）或风力（六级）的风，对人类生命财产造成损害的自然灾害。

（12）雷电灾害：因雷雨云中的电能释放、直接击中或间接影响到人体或物体，对人类生命财产造成损害的自然灾害。

（13）干旱灾害：因降水少、河川径流及其他水资源短缺，对城乡居民生活、工农业生产以及生态环境等造成损害的自然灾害。

（14）洪涝灾害：因降雨、融雪、冰凌、溃坝（堤）、风暴潮等引发江河洪水、山洪、泛滥以及渍涝等对人类生命财产、社会功能等造成损害的自然灾害。洪涝灾害如图 4-7 所示。

图 4-7　洪涝灾害示意图

（15）风暴潮灾害：热带气旋、温带气旋、冷锋等强烈的天气系统过境所伴随的强风作用和气压骤变引起的局部海面非周期性异常升降现象造成沿岸涨水，对沿岸人类生命财产造成损害的自然灾害。风暴潮灾害如图 4-8 所示。

（16）海浪灾害：波高大于 4 m 的海浪对海上航行的船舶、海洋石油生产设施、海上渔业抽捞和沿岸及近海水产养殖业、港口码头、防波堤等海岸和海洋工程等造成损害的自然灾害。

（17）海冰灾害：因海冰对航道阻塞、船只损坏及海上设施和海

图 4-8 风暴潮灾害示意图

岸工程损坏等造成损害的自然灾害。

（18）海啸灾害：由海底地震、火山爆发和水下滑坡、塌陷所激发的海面波动，波长可达几百公里，传播到滨海区域时造成岸边海水陡涨，骤然形成“水墙”，吞没良田和城镇村庄，对人类生命财产造成损害的自然灾害。

（19）自然灾害类型：必填项，根据类型直接选择。

（20）经纬度：必填项。灾害发生区域中心点，如 38°55′42.01″N/118°01′14.01″E。

（21）灾害位置名称：必填项，以灾害发生位置的水路承灾体具体名称为准。

（22）灾害发生时间：必填项，如 2001 年 1 月 1 日。

（23）灾害结束时间：必填项，如 2001 年 1 月 1 日。

（24）因灾死亡人口：必填项，指本区域内以自然灾害为直接原因导致死亡的人员数量（含非常住人口）。对于救灾救援过程中因自然灾害导致牺牲的工作人员，应一并统计在内。

（25）因灾重伤人口：必填项，指本区域内以自然灾害为直接原因导致重伤的人员数量（含非常住人口）。对于救灾救援过程中因自然灾害导致伤病的工作人员，应一并统计在内。其中，重伤指因灾伤病需要住院治疗才能康复，或虽不需要住院治疗但需要多次门诊治疗才可以康复的人员。

（26）因灾失踪人口：选填项，指本区域内以自然灾害为直接原因导致下落不明，暂时无法确认死亡的人员数量（含非常住人口）。对于救灾救援过程中因自然灾害导致失踪的工作人员，应一并统计在内。

（27）直接经济损失：必填项，指本区域内受灾体遭受自然灾害后，自身价值降低或丧失所造成的损失，包括基础设施损失以及其他损失造成的直接经济损失的总和。直接经济损失的基本计算方法是，受灾体损毁前的实际价值与损毁率的乘积。救援救灾所发生的费用不计入直接经济损失。因自然灾害导致停产、停业等所造成的产值、营业额损失为间接经济损失，不计入直接经济损失。可直接引用灾害报告中相关数据。

（28）地基滑坡：地基上斜坡部分岩土在自然因素作用下失去稳定，发生整体下滑的现象。地基滑坡如图 4-9 所示。

图 4-9　地基滑坡示意图

（29）沉降变形：在自然因素作用下结构物的垂直变形。

（30）航道港池骤淤：在自然因素作用下港池由于水体含沙量的突然猛增而造成的航道短时间内的回淤现象。

（31）航道淤浅：航道在自然因素作用下因回淤导致水深变浅。

（32）航槽移位：在自然因素作用下，航槽发生空间位置上的变化。

（33）洲滩冲刷：因水沙运动导致洲滩受到冲刷变化。

（34）航道阻塞：航道在自然因素作用下因阻塞失去通航的功能。

（35）人工护岸或整治建筑物稳定性变差：在自然因素作用下，人工护岸或整治建筑物稳定性变差。

（36）溃坝：在自然因素作用下坝体瞬时溃决。

（37）船闸或升船机机械结构灾害（锈蚀、老化、变形）：船闸或升船机机械结构在自然因素作用下发生的锈蚀、老化和变形现象。

# 第五章　水路承灾体自然灾害综合风险等级划分

## 第一节　危险性评价

### 一、指标体系法

#### （一）权重系数计算

权重系数采用重要性排序法计算，即根据评估指标与事故发生可能性以及事故后果严重程度（优先考虑人员伤亡）的相关性，进行综合评判后，将各评估指标按重要性从高到低依次进行排序，计算公式如下所示：

$$\gamma=\frac{2n-2a+1}{n^2} \tag{5-1}$$

式中　$n$——对应第 $i$ 个项别包括的评估指标的数量；

$a$——重要性排序号，取 $a \leqslant n$。

#### （二）危险性指数计算

危险性指数（$P$）按以下公式计算：

$$P=\sum X_{ij} \tag{5-2}$$

$$X_{ij}=R_{ij}\gamma_{ij} \tag{5-3}$$

式中　$X_{ij}$——评估指标的分值，项别 $i=1$，2，…，$m$，指标 $j=1$，2，3，…，$n$，$m$ 为包括的项别的数量，$n$ 为对应第 $i$ 个项别包括的评估指标的数量；

$\gamma_{ij}$——第 $i$ 个项别、第 $j$ 个评估的权重系数；

$R_{ij}$——第 $i$ 个项别、第 $j$ 个评估的基本分值。

（三）主要权重

（1）进行项别危险性评价时，主要指标的权重对照表 5-1 确定。

表 5-1　危险性评价主要指标的权重

| 主要指标 | 复杂程度 | 周边环境 | 自然灾害信息 | 其他灾害信息 | 减灾资源和能力 | 隐患信息 | 资料完整性 |
|---|---|---|---|---|---|---|---|
| 权重 | 0.20 | 0.10 | 0.40 | 0.10 | 0.10 | 0.05 | 0.05 |

（2）进行港口、航道、通航建筑物和航运枢纽危险性评价时，存在多个同一类型的水路承灾体时，按照计算分数大小排序，按照重要性排序法计算得出加权平均值；其中，港区选取其内部所有作业区已选择的评价指标的最大分值进行危险性评价（自然灾害信息部分数据采用累加值）。

（3）进行区域水路承灾体危险性评价时，水路承灾体按照港口、航道、通航建筑物、航运枢纽的危险性指数分值从大到小的顺序进行重要性排序，按照指标体系法计算权重系数。其中，同一港区分布在两个及以上区或县的，按照某一区或县内的作业区的计算分数大小排序，并按重要性排序法计算得出加权平均值，作为区或县的危险性评价值。

（四）可能性等级

计算得出 $P$ 后，根据 $P$ 值对照表 5-2 确定自然灾害的发生的可能性等级。不同指标数量时的权重系数示例见表 5-3。

表 5-2　水路自然灾害综合风险评估可能性等级标准

| 概率范围 | 中心值 | 概率等级描述 | 定性描述 | 概率等级 | $P$ |
|---|---|---|---|---|---|
| >0.3 | 0.6 | 很可能 | 特大 | 5 | $P>60$ |
| 0.03~0.3 | 0.1 | 可能 | 重大 | 4 | $45<P\leq60$ |
| 0.003~0.03 | 0.01 | 偶然 | 较大 | 3 | $30<P\leq45$ |

表 5-2（续）

| 概率范围 | 中心值 | 概率等级描述 | 定性描述 | 概率等级 | $P$ |
|---|---|---|---|---|---|
| 0.0003~0.003 | 0.001 | 可能性很小 | 一般 | 2 | $15<P\leq30$ |
| <0.0003 | 0.0001 | 几乎不可能 | 小 | 1 | $P\leq15$ |

表 5-3　不同指标数量时的权重系数示例

| 1 | 2 | 3 | 4 | 5 | 6 | 7 | 8 | 9 | 10 |
|---|---|---|---|---|---|---|---|---|---|
| 1 | 0.75 | 0.56 | 0.44 | 0.36 | 0.31 | 0.27 | 0.23 | 0.21 | 0.19 |
| — | 0.25 | 0.33 | 0.31 | 0.28 | 0.25 | 0.22 | 0.20 | 0.19 | 0.17 |
| — | — | 0.11 | 0.19 | 0.20 | 0.19 | 0.18 | 0.17 | 0.16 | 0.15 |
| — | — | — | 0.06 | 0.12 | 0.14 | 0.14 | 0.14 | 0.14 | 0.13 |
| — | — | — | — | 0.04 | 0.08 | 0.10 | 0.11 | 0.11 | 0.11 |
| — | — | — | — | — | 0.03 | 0.06 | 0.08 | 0.09 | 0.09 |
| — | — | — | — | — | — | 0.02 | 0.05 | 0.06 | 0.07 |
| — | — | — | — | — | — | — | 0.02 | 0.04 | 0.05 |
| — | — | — | — | — | — | — | — | 0.01 | 0.03 |
| — | — | — | — | — | — | — | — | — | 0.01 |

## 二、危险性评价主要过程

（1）选取某类水路承灾体某个危险性评价主要指标，采用指标体系法进行评价：

①基本分值 $R$ 打分；②确定重要性排序；③依据指标体系法计算公式评估分值；④确定风险等级。

（2）自然灾害指标选择方法：

①进行灾类危险性评价时，仅选择单一灾类指标；②进行整体自然灾害危险性评价时，包含全部指标；（发生的灾类排在未发生的灾类前面）；③进行灾种危险性评价时，灾类危险性评价指标将被替代。

（3）危险性评价主要指标得分与其权重乘积，得出某类水路承灾体的危险性评价 $P$ 值。

（4）各单类水路承灾体危险性评价主要指标得分与其权重乘积，得出区域的危险性评价 $P$ 值。

## 第二节 危害性评价

风险事件后果严重程度的等级分成五级，本指南主要考虑人员伤亡和经济损失等。水路自然灾害危害评价后果等级标准见表5-4。

表5-4 水路自然灾害危害评价后果等级标准表

| 后果等级分值 | 1 | 2 | 3 | 4 | 5 |
|---|---|---|---|---|---|
| 定性描述 | 小 | 一般 | 较大 | 重大 | 特大 |
| 人员死亡/人 | 无死亡 | 1≤死亡人数<3 | 3≤死亡人数<10 | 10≤死亡人数<30 | 30≤死亡人数 |
| 人员重伤/人 | 重伤人数<5 | 5≤重伤人数<10 | 10≤重伤人数<50 | 50≤重伤人数<100 | 100≤重伤人数 |
| 直接经济损失/万元 | 10≤直接经济损失<100 | 100≤直接经济损失<1000 | 1000≤直接经济损失<5000 | 5000≤直接经济损失<10000 | 10000≤直接经济损失 |

(1) 人员死亡是指在事故中失去生命，可累加。依据人员死亡数量进行分级，等级划分见表5-4。

(2) 人员重伤是指在事故中身体受到严重的伤害，可累加。依据人员重伤数量进行分级，等级划分见表5-4。

(3) 直接经济损失是指因事故造成人身伤亡及善后处理支出的费用和毁坏财产的价值，可累加，等级划分见表5-4。

(4) 当多种后果同时产生时，应采用就高原则确定风险事件严重程度等级，等级划分见表5-4。

(5) 进行港口、航道、通航建筑物和航运枢纽危害性评价时，存在多个同一类型的水路承灾体时，应采用就高原则确定风险事件严重程度等级；其中港区选取其内部所有作业区相关指标的累加值进行危害性评价。

(6) 进行区域水路承灾体危害性评价时，应采用就高原则确定风险事件严重程度等级。其中同一港区分布在两个及以上区或县的，按照某一区或县内的作业区的相关参数采用就高原则确定风险事件严重程度等级。

## 第三节 风险分级和风险区划

水路自然灾害综合风险分级由自然灾害综合风险事件的可能性（危险性）和产生的后果（危害性）来决定。风险等级分为4级：较小风险（Ⅰ级）、一般风险（Ⅱ级）、较大风险（Ⅲ级）、重大风险（Ⅳ级），可按表5-5确定。

表5-5 风险等级划分

<table>
<tr><td colspan="3" rowspan="3">项目</td><td colspan="5">严重程度等级</td></tr>
<tr><td>小</td><td>一般</td><td>较大</td><td>重大</td><td>特大</td></tr>
<tr><td>1</td><td>2</td><td>3</td><td>4</td><td>5</td></tr>
<tr><td rowspan="5">可能性等级</td><td>很可能</td><td>5</td><td>较大风险（Ⅲ级）</td><td>较大风险（Ⅲ级）</td><td>重大风险（Ⅳ级）</td><td>重大风险（Ⅳ级）</td><td>重大风险（Ⅳ级）</td></tr>
<tr><td>可能</td><td>4</td><td>一般风险（Ⅱ级）</td><td>较大风险（Ⅲ级）</td><td>较大风险（Ⅲ级）</td><td>重大风险（Ⅳ级）</td><td>重大风险（Ⅳ级）</td></tr>
<tr><td>偶然</td><td>3</td><td>一般风险（Ⅱ级）</td><td>一般风险（Ⅱ级）</td><td>较大风险（Ⅲ级）</td><td>较大风险（Ⅲ级）</td><td>重大风险（Ⅳ级）</td></tr>
<tr><td>可能性很小</td><td>2</td><td>较小风险（Ⅰ级）</td><td>一般风险（Ⅱ级）</td><td>一般风险（Ⅱ级）</td><td>较大风险（Ⅲ级）</td><td>较大风险（Ⅲ级）</td></tr>
<tr><td>几乎不可能</td><td>1</td><td>较小风险（Ⅰ级）</td><td>较小风险（Ⅰ级）</td><td>一般风险（Ⅱ级）</td><td>一般风险（Ⅱ级）</td><td>较大风险（Ⅲ级）</td></tr>
</table>

## 第四节 示例与注意事项

### 一、港口设施

#### （一）设施复杂程度 $X_1$

1. 码头类型 $X_{11}$

码头类型 $X_{11}$ 指标见表5-6。

表 5-6 码头类型 $X_{11}$ 指标

| 名称 | 解释 | 图片 |
| --- | --- | --- |
| 危险品码头 | 危险品码头是主要装卸存储和运输危险品的码头。危险品是指《国际海运危险货物规则》《危险货物品名表》等国际海事组织或国家相关标准规定的，具有爆炸、易燃、毒害、感染、放射性等特性，在水路运输、港口装卸和储存等过程中，容易造成人身伤亡、财产损毁或对环境造成危害而需要特别防护的货物 |  |
| 客运码头、集装箱码头 | 供客轮停靠、上下旅客的码头 |  |
| | 供集装箱装卸作业的专业化码头 |  |
| 散粮码头 | 供散装粮食装卸作业的码头 |  |
| 其他 | 件杂货码头、散货码头、滚装码头等 | — |

2. 储罐等级 $X_{12}$

储罐等级 $X_{12}$ 指标见表 5-7。

表 5-7　储罐等级 $X_{12}$ 指标

| 名称 | 解　　释 |
| --- | --- |
| Ⅲ类 | 满足下列条件之一的，为第Ⅲ类：<br>（1）储罐总数量≥20 个；<br>（2）沿海罐区总容量≥$10\times10^4$ $m^3$；内河罐区总容量≥$0.5\times10^4$ $m^3$；<br>（3）储存介质属于危险货物或剧毒化学品 |
| Ⅱ类 | 满足下列条件之一的，为第Ⅱ类：<br>（1）5 个≤储罐总数量<20 个；<br>（2）$1\times10^4$ $m^3$≤沿海罐区总容量<$10\times10^4$ $m^3$；$0.1\times10^4$ $m^3$≤内河罐区总容量<$0.5\times10^4$ $m^3$；<br>（3）储存介质属于Ⅲ类以外的其他危险化学品等 |
| Ⅰ类 | 满足下列条件之一的，为第Ⅰ类：<br>（1）1 个≤储罐总数量<5 个；<br>（2）沿海罐区总容量<$1\times10^4$ $m^3$；内河罐区总容量<$0.1\times10^4$ $m^3$ |

其中，危险货物参见《港口危险货物安全管理规定》和《危险货物分类和品名编号》(GB 6944—2012)。剧毒化学品指具有剧烈急性毒性危害的化学品，包括人工合成的化学品及其混合物和天然毒素，还包括具有急性毒性易造成公共安全危害的化学品。具体参见《危险化学品目录（2015 版)》。

3. 沿海泊位吨级（$10^4$ t）$X_{13}$

沿海泊位能够满足安全靠泊、作业的最大满载船舶吨位。按照不同的船舶种类，分为载重吨位 DWT 和总吨位 GT。本指标选用载重吨位 DWT。当存在多个泊位时，选用最大泊位吨级。当为内河作业区时，不考虑此指标。

4. 内河泊位吨级（t）$X_{14}$

内河泊位能够满足安全靠泊、作业的最大满载船舶吨位。按照不同的船舶种类，分为载重吨位 DWT 和总吨位 GT。本指标选用载重吨位 DWT。当存在多个泊位时，选用最大泊位吨级。当为沿海作业区时，不考虑此指标。

5. 泊位数量（个）$X_{15}$

沿海万吨级及以上泊位的数量，内河千吨级及以上泊位的数量。

6. 码头结构型式 $X_{16}$

选取最大泊位吨级码头的结构型式。码头结构型式 $X_{16}$ 指标见表 5-8。

表 5-8　码头结构型式 $X_{16}$ 指标

| 名称 | 解释 | 图片 |
|---|---|---|
| 混合型式码头、新型式码头 | 两种及以上不同类型组合的码头或未经实践多次检验的新型式码头 | — |
| 板桩码头 | 由板桩前墙、导梁、上部结构和锚碇结构等组成的码头 | 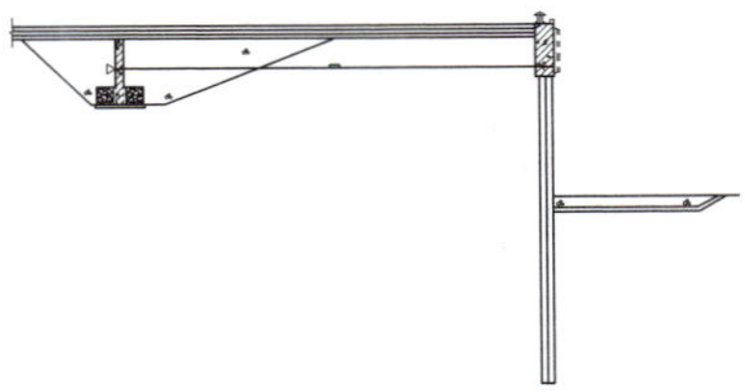 |
| 高桩码头 | 由桩基及上部结构组成的码头，主要包括板梁式、桁架式和高桩墩式 | 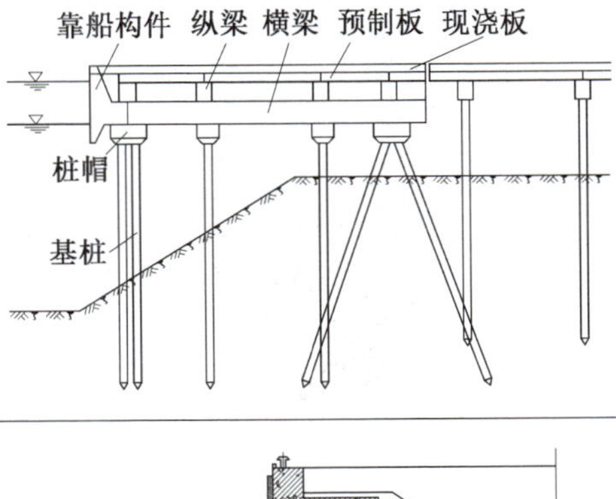 |
| 重力式码头 | 以结构本身和填料的重力保持稳定的码头 | 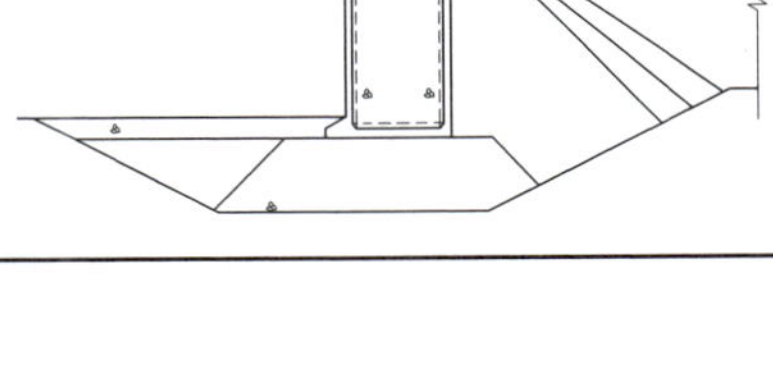 |

7. 单堤总长度（m）$X_{17}$

沿海防波堤单堤的总长度，选择数值最大的单堤。单堤总长度如图 5-1 所示。

图 5-1　单堤总长度

8. 最深处高度（m）$X_{18}$

沿海防波堤单堤的最大高度，一般在防波堤的端头。防波堤最深处高度位置如图 5-2 所示。

图 5-2　防波堤最深处高度位置

9. 大型机械设备数量（座）$X_{19}$

大型机械设备数量（座）$X_{19}$ 指标见表 5-9。

表 5-9　大型机械设备数量（座）$X_{19}$指标

| 名称 | 解释 | 图片 |
| --- | --- | --- |
| 港口门座起重机 | 简称门机，即通过两侧支腿支承在地基上的桥架型起重机 |  |
| 岸边集装箱起重机 | 对集装箱船舶、车辆进行装卸，堆码拆垛和转运集装箱的起重机 |  |
| 轨道式门式起重机 | 简称门机，即通过两侧支腿支承在地面轨道上的桥架型起重机 |  |
| 其他 | 装（卸）船机、吸粮机、输油臂、轮胎式集装箱门式起重机、斗轮堆取料机、轮胎起重机（25 t级及以上）、露天固定带式输送机等港口大型机械。参见《港口大型机械防阵风防台风安全工作指南》 | — |

10. 已运营年数（年）$X_{110}$

码头试运行结束后正式运营的年数。当存在不同运营年数的码头时，选取最大的已运营年数。

（二）周边环境 $X_2$

1. 离岸距离（km）$X_{21}$

选取最大泊位码头距离原海岸线的距离，当为挖入式码头时，距离值取 0。填筑式和挖入式码头如图 5-3 所示。

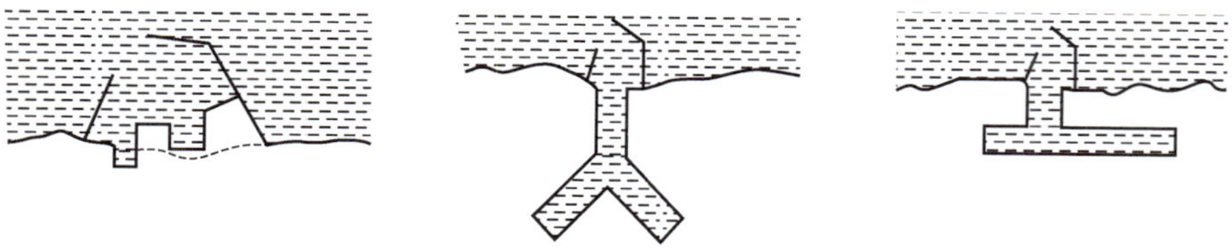

图 5-3　填筑式和挖入式码头

2. 水域掩护条件 $X_{22}$

水域掩护条件 $X_{22}$ 指标见表 5-10。

表 5-10　水域掩护条件 $X_{22}$ 指标

| 名称 | 解释 | 图　片 |
| --- | --- | --- |
| 开敞式 | 无防波堤掩护 |  |
| 半开敞式 | 单侧防波堤掩护 | 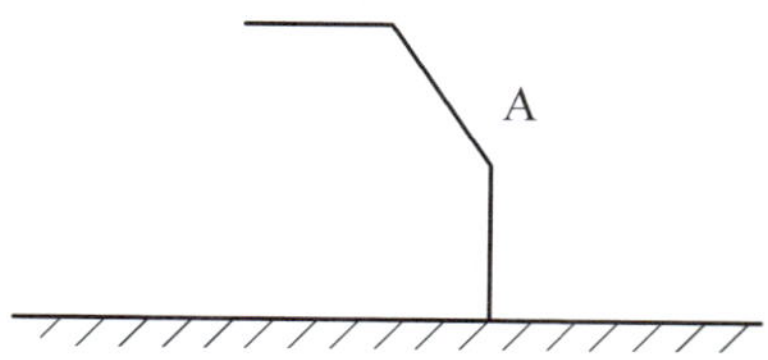 |

表 5-10（续）

| 名称 | 解释 | 图片 |
|---|---|---|
| 掩护条件较好 | 填筑式，且两侧均有防波堤掩护 | 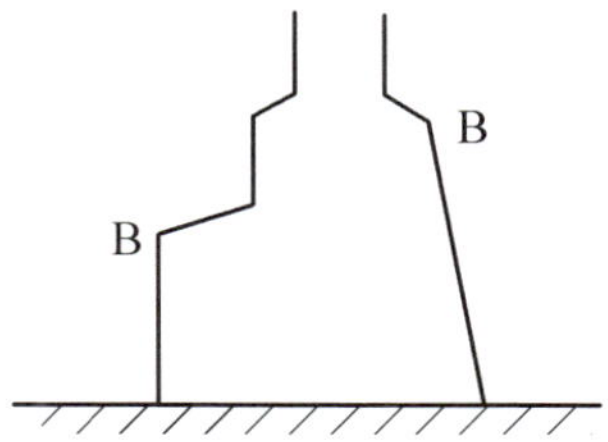 |
| 掩护条件好 | 挖入式，且有防波堤掩护 | 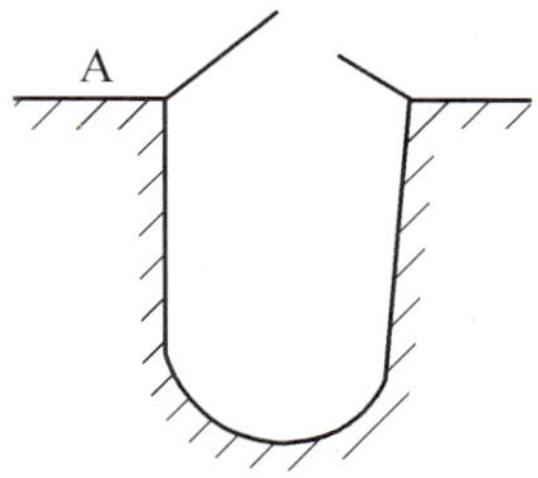 |

3. 周边的环境 $X_{23}$

定性判断，以作业区外围 1000 m 范围以内的区域为界。

4. 防台、避风锚地 $X_{24}$

防台、避风锚地 $X_{24}$ 指标见表 5-11。

表 5-11　防台、避风锚地 $X_{24}$ 指标

| 名　称 | 解　释 |
|---|---|
| 防台、避风锚地差，距离区域远 | >50 海里为远 |
| 防台、避风锚地差，距离区域较远 | 30~50 海里为较远 |
| 防台、避风锚地好，距离区域较近 | 10~30 海里为较近 |
| 防台、避风锚地好，距离区域近 | <10 海里为近 |

（三）自然灾害信息 $X_3$

1. 灾类类型数量（个）$X_{31}$

综合指标，进行多个灾类评价时使用此指标。当无自然灾害时，选择值为 0。

2. 灾种类型数量（个）$X_{32}$

综合指标，进行单一灾类评价时使用此指标。当无自然灾害时，选择值为0。

3. 地震灾害次数（次）$X_{33}$

灾类指标。当无地震灾害时，选择值为0。其他灾害评价时，不考虑此指标。

4. 抗震设防烈度（度）$X_{34}$

地震灾害辅助指标。当无地震灾害时，选择值为0。其他灾害评价时，不考虑此指标。

5. 地质灾害次数（次）$X_{35}$

灾类指标。当无本灾类及其包含的灾种时，选择值为0。其他灾害评价时，不考虑此指标。

6. 崩塌灾害次数（次）$X_{36}$

灾种指标。灾种的次数默认累加到其归属的灾类次数中。当无本灾种时，选择值为0。其他灾害评价时，不考虑此指标。

7. 滑坡灾害次数（次）$X_{37}$

灾种指标。灾种的次数默认累加到其归属的灾类次数中。当无本灾种时，选择值为0。其他灾害评价时，不考虑此指标。

8. 泥石流灾害次数（次）$X_{38}$

灾种指标。灾种的次数默认累加到其归属的灾类次数中。当无本灾种时，选择值为0。其他灾害评价时，不考虑此指标。

9. 海洋灾害次数（次）$X_{39}$

灾类指标。当无本灾类及其包含的灾种时，选择值为0。其他灾害评价时，不考虑此指标。

10. 风暴潮灾害次数（次）$X_{310}$

灾种指标。灾种的次数默认累加到其归属的灾类次数中。当无本灾种时，选择值为0。其他灾害评价时，不考虑此指标。

11. 海浪灾害次数（次）$X_{311}$

灾种指标。灾种的次数默认累加到其归属的灾类次数中。当无本

灾种时，选择值为 0。其他灾害评价时不考虑此指标。

12. 海冰灾害次数（次）$X_{312}$

灾种指标。灾种的次数默认累加到其归属的灾类次数中。当无本灾种时，选择值为 0。其他灾害评价时，不考虑此指标。

13. 海啸灾害次数（次）$X_{313}$

灾种指标。灾种的次数默认累加到其归属的灾类次数中。当无本灾种时，选择值为 0。其他灾害评价时，不考虑此指标。

14. 浪高（m）$X_{314}$

海洋灾害辅助指标。当无海洋灾害时，选择值为 0。其他灾害评价时，不考虑此指标。

15. 气象灾害次数（次）$X_{315}$

灾类指标。当无本灾类及其包含的灾种时，选择值为 0。其他灾害评价时，不考虑此指标。

16. 台风灾害次数（次）$X_{316}$

灾种指标，年平均次数。灾种的次数默认累加到其归属的灾类次数中。当无本灾种时，选择值为 0。其他灾害评价时，不考虑此指标。

17. 暴雨灾害次数（次）$X_{317}$

灾种指标，年平均次数。灾种的次数默认累加到其归属的灾类次数中。当无本灾种时，选择值为 0。其他灾害评价时，不考虑此指标。

18. 大风灾害次数（次）$X_{318}$

灾种指标，年平均次数。灾种的次数默认累加到其归属的灾类次数中。当无本灾种时，选择值为 0。其他灾害评价时，不考虑此指标。

19. 雷电灾害次数（次）$X_{319}$

灾种指标，年平均次数。灾种的次数默认累加到其归属的灾类次数中。当无本灾种时，选择值为 0。其他灾害评价时，不考虑此指标。

20. 水旱灾害次数（次）$X_{320}$

灾类指标。当无本灾类及其包含的灾种时，选择值为 0。其他灾害评价时，不考虑此指标。

21. 干旱灾害次数（次）$X_{321}$

灾种指标。灾种的次数默认累加到其归属的灾类次数中。当无本灾种时，选择值为 0。其他灾害评价时，不考虑此指标。

22. 洪涝灾害次数（次）$X_{322}$

灾种指标。灾种的次数默认累加到其归属的灾类次数中。当无本灾种时，选择值为 0。其他灾害评价时，不考虑此指标。

（四）结构灾害信息 $X_4$

1. 结构灾害次数（次）$X_{41}$

与附录中结构灾害信息表格的内容保持一致。

2. 结构灾害类型数量 $X_{42}$

与附录中结构灾害信息表格的内容保持一致。

（五）减灾资源和能力 $X_5$

1. 减灾资源 $X_{51}$

结合应急预案和实际情况填写。

2. 专业救灾队伍 $X_{52}$

结合应急预案和实际情况填写。其中，专业救灾队伍可属于外部单位，需要有救援协议。

（六）隐患信息 $X_6$

1. 一般隐患数量（个）$X_{61}$

因自然灾害引发的一般隐患数量。一般隐患，指因自然因素导致的使水路承灾体可能发生人员伤亡或直接经济损失的潜在危险因素，包含建筑物存在少量的非贯穿性开裂、脱空、错位等破损；防波堤、引堤和护岸存在少量变形、裂缝、塌陷、冲损等失稳情况；未影响结构安全的基床冲刷等。一般隐患对水路承灾体的使用功能影响小。

2. 重大隐患数量（个）$X_{62}$

因自然灾害引发的重大隐患数量。重大隐患，指因自然因素导致的使水路承灾体可能发生人员伤亡或直接经济损失的潜在危险因素，包含建筑物存在贯穿性或严重的开裂、脱空、错位等破损；防波堤、引堤和护岸存在明显变形、裂缝、塌陷、冲损等失稳情况；影响结构安全的基床冲刷等。重大隐患对水路承灾体的使用功能影响大，甚至导致水路承灾体失去使用功能。

（七）资料完整性 $X_7$

1. 应急预案 $X_{71}$

结合实际情况填写，应包含与承灾体相关的自然灾害应急预案。

2. 地质水文气象等资料 $X_{72}$

结合实际情况填写。

3. 设计文件 $X_{73}$

结合实际情况填写。

4. 监测设施运行情况 $X_{74}$

结合实际情况填写。

## 二、内河航道设施

（一）设施复杂程度 $X_1$

1. 航道等级 $X_{11}$

结合实际情况选择，相关参数可参照初步设计报告。

2. 存在浅滩情况 $X_{12}$

结合实际情况选择，相关参数可参照初步设计报告。存在浅滩情况 $X_{12}$ 指标见表 5-12。

表 5-12　存在浅滩情况 $X_{12}$ 指标

| 名称 | 解　　释 |
| --- | --- |
| 急滩和险滩 | 急滩是河床过水断面狭小，流速和比降较大，以急为主的碍航滩段；险滩是河道弯曲狭窄和流态紊乱，以险为主的碍航滩段 |
| 石质浅滩 | 河床主要由岩石组成的浅滩 |
| 卵石浅滩 | 河床主要由砾、卵石组成的浅滩 |
| 沙质浅滩 | 河床主要由砂粒组成的浅滩 |

3. 航道线数 $X_{13}$

结合实际情况选择，相关参数可参照初步设计报告。

（二）周边环境 $X_2$

1. 航标配置 $X_{21}$

结合实际情况选择。

2. 周边的环境 $X_{22}$

定性判断，以航段外围 1000 m 范围以内的区域为界。

（三）自然灾害信息 $X_3$

1. 灾类类型数量（个）$X_{31}$

综合指标，进行多个灾类评价时使用此指标。当无自然灾害时，选择值为 0。

2. 灾种类型数量（个）$X_{32}$

综合指标，进行单一灾类评价时使用此指标。当无自然灾害时，选择值为 0。

3. 地震灾害次数（次）$X_{33}$

灾类指标。当无地震灾害时，选择值为 0。其他灾害评价时，不考虑此指标。

4. 抗震设防烈度（度）$X_{34}$

地震灾害辅助指标。当无地震灾害时，选择值为 0。其他灾害评价时，不考虑此指标。

5. 地质灾害次数（次）$X_{35}$

灾类指标。当无本灾类及其包含的灾种时，选择值为 0。其他灾害评价时，不考虑此指标。

6. 崩塌灾害次数（次）$X_{36}$

灾种指标。灾种的次数默认累加到其归属的灾类次数中。当无本灾种时，选择值为 0。其他灾害评价时，不考虑此指标。

7. 滑坡灾害次数（次）$X_{37}$

灾种指标。灾种的次数默认累加到其归属的灾类次数中。当无本灾种时，选择值为 0。其他灾害评价时，不考虑此指标。

8. 泥石流灾害次数（次）$X_{38}$

灾种指标。灾种的次数默认累加到其归属的灾类次数中。当无本

灾种时，选择值为0。其他灾害评价时，不考虑此指标。

9. 水旱灾害次数（次）$X_{39}$

灾类指标。当无本灾类及其包含的灾种时，选择值为0。其他灾害评价时，不考虑此指标。

10. 干旱灾害次数（次）$X_{310}$

灾种指标。灾种的次数默认累加到其归属的灾类次数中。当无本灾种时，选择值为0。其他灾害评价时，不考虑此指标。

11. 洪涝灾害次数（次）$X_{311}$

灾种指标。灾种的次数默认累加到其归属的灾类次数中。当无本灾种时，选择值为0。其他灾害评价时，不考虑此指标。

12. 气象灾害次数（次）$X_{312}$

灾类指标。当无本灾类及其包含的灾种时，选择值为0。其他灾害评价时，不考虑此指标。

13. 台风灾害次数（次）$X_{313}$

灾种指标，年平均次数。灾种的次数默认累加到其归属的灾类次数中。当无本灾种时，选择值为0。其他灾害评价时，不考虑此指标。

14. 暴雨灾害次数（次）$X_{314}$

灾种指标，年平均次数。灾种的次数默认累加到其归属的灾类次数中。当无本灾种时，选择值为0。其他灾害评价时，不考虑此指标。

15. 大风灾害次数（次）$X_{315}$

灾种指标，年平均次数。灾种的次数默认累加到其归属的灾类次数中。当无本灾种时，选择值为0。其他灾害评价时，不考虑此指标。

16. 雷电灾害次数（次）$X_{316}$

灾种指标，年平均次数。灾种的次数默认累加到其归属的灾类次数中。当无本灾种时，选择值为0。其他灾害评价时，不考虑此指标。

（四）结构灾害信息 $X_4$

1. 结构灾害次数（次）$X_{41}$

与附录中结构灾害信息表格的内容保持一致。

2. 结构灾害类型数量（个）$X_{42}$

与附录中结构灾害信息表格的内容保持一致。

（五）减灾资源和能力 $X_5$

1. 减灾资源 $X_{51}$

结合应急预案和实际情况填写。

2. 专业救灾队伍 $X_{52}$

结合应急预案和实际情况填写。其中，专业救灾队伍可属于外部单位，需要有救援协议。

（六）隐患信息 $X_6$

1. 一般隐患数量（个）$X_{61}$

因自然灾害引发的一般隐患数量。一般隐患，指因自然因素导致的使水路承灾体可能发生人员伤亡或直接经济损失的潜在危险因素，包含航道整治建筑物存在少量变形、裂缝、塌陷、冲损等失稳情况。

2. 重大隐患数量（个）$X_{62}$

因自然灾害引发的重大隐患数量。重大隐患，指因自然因素导致的使水路承灾体可能发生人员伤亡或直接经济损失的潜在危险因素，包含航道整治建筑物存在明显变形、裂缝、塌陷、冲损等失稳情况。

（七）资料完整性 $X_7$

1. 应急预案 $X_{71}$

结合实际情况填写，应包含与承灾体相关的自然灾害应急预案。

2. 地质水文气象等资料 $X_{72}$

结合实际情况填写。

3. 设计文件 $X_{73}$

结合实际情况填写。

4. 监测设施运行情况 $X_{74}$

结合实际情况填写。

### 三、通航建筑物设施

（一）复杂程度 $X_1$

1. 航道等级 $X_{11}$

结合实际情况选择，相关参数可参照初步设计报告。

2. 水头（m）$X_{12}$

上游设计挡水位与下游设计最低通航水位之差。水头（米）$X_{12}$ 指标如图 5-4 所示。

图 5-4 水头（米）$X_{12}$ 指标

3. 已运营年数（年）$X_{13}$

通航建筑物试运行结束后正式运营的年数。

（二）周边环境 $X_2$

1. 建筑物失事后对下游企业和城乡居民的生活和生产造成的损失（万元）$X_{21}$

定性判断。

2. 周边的环境 $X_{22}$

定性判断，以通航建筑物外围 1000 m 范围以内的区域为界。

（三）自然灾害信息 $X_3$

1. 灾类类型数量（个）$X_{31}$

综合指标，进行多个灾类评价时使用此指标。当无自然灾害时，选择值为 0。

2. 灾种类型数量（个）$X_{32}$

综合指标，进行单一灾类评价时使用此指标。当无自然灾害时，选择值为 0。

3. 地震灾害次数（次）$X_{33}$

灾类指标。当无地震灾害时，选择值为 0。其他灾害评价时，不考虑此指标。

4. 抗震设防烈度（度）$X_{34}$

地震灾害辅助指标。当无地震灾害时，选择值为 0。其他灾害评价时，不考虑此指标。

5. 地质灾害次数（次）$X_{35}$

灾类指标。当无本灾类及其包含的灾种时，选择值为 0。其他灾害评价时，不考虑此指标。

6. 崩塌灾害次数（次）$X_{36}$

灾种指标。灾种的次数默认累加到其归属的灾类次数中。当无本灾种时，选择值为 0。其他灾害评价时，不考虑此指标。

7. 滑坡灾害次数（次）$X_{37}$

灾种指标。灾种的次数默认累加到其归属的灾类次数中。当无本灾种时，选择值为 0。其他灾害评价时，不考虑此指标。

8. 泥石流灾害次数（次）$X_{38}$

灾种指标。灾种的次数默认累加到其归属的灾类次数中。当无本灾种时，选择值为 0。其他灾害评价时，不考虑此指标。

9. 水旱灾害次数（次）$X_{39}$

灾类指标。当无本灾类及其包含的灾种时，选择值为 0。其他灾害评价时，不考虑此指标。

10. 干旱灾害次数（次）$X_{310}$

灾种指标。灾种的次数默认累加到其归属的灾类次数中。当无本灾种时，选择值为0。其他灾害评价时，不考虑此指标。

11. 洪涝灾害次数（次）$X_{311}$

灾种指标。灾种的次数默认累加到其归属的灾类次数中。当无本灾种时，选择值为0。其他灾害评价时，不考虑此指标。

12. 气象灾害次数（次）$X_{312}$

灾类指标。当无本灾类及其包含的灾种时，选择值为0。其他灾害评价时，不考虑此指标。

13. 台风灾害次数（次）$X_{313}$

灾种指标，年平均次数。灾种的次数默认累加到其归属的灾类次数中。当无本灾种时，选择值为0。其他灾害评价时，不考虑此指标。

14. 暴雨灾害次数（次）$X_{314}$

灾种指标，年平均次数。灾种的次数默认累加到其归属的灾类次数中。当无本灾种时，选择值为0。其他灾害评价时，不考虑此指标。

15. 大风灾害次数（次）$X_{315}$

灾种指标，年平均次数。灾种的次数默认累加到其归属的灾类次数中。当无本灾种时，选择值为0。其他灾害评价时，不考虑此指标。

16. 雷电灾害次数（次）$X_{316}$

灾种指标，年平均次数。灾种的次数默认累加到其归属的灾类次数中。当无本灾种时，选择值为0。其他灾害评价时，不考虑此指标。

（四）结构灾害信息 $X_4$

1. 结构灾害次数（次）$X_{41}$

与附录中结构灾害信息表格的内容保持一致。

2. 结构灾害类型数量（个）$X_{42}$

与附录中结构灾害信息表格的内容保持一致。

（五）减灾资源和能力 $X_5$

1. 减灾资源 $X_{51}$

结合应急预案和实际情况填写。

2. 专业救灾队伍 $X_{52}$

结合应急预案和实际情况填写。其中，专业救灾队伍可属于外部单位，需要有救援协议。

（六）隐患信息 $X_6$

1. 一般隐患数量（个）$X_{61}$

因自然灾害引发的一般隐患数量。一般隐患，指因自然因素导致的使水路承灾体可能发生人员伤亡或直接经济损失的潜在危险因素，包含建筑物存在少量的非贯穿性开裂、脱空、错位等破损，未引起土体变形的少量管涌、流沙等现象。

2. 重大隐患数量（个）$X_{62}$

因自然灾害引发的重大隐患数量。重大隐患，指因自然因素导致的使水路承灾体可能发生人员伤亡或直接经济损失的潜在危险因素，包含建筑物存在贯穿性或严重的开裂、脱空、错位等破损，引起土体变形的明显的管涌、流沙等现象。

（七）资料完整性 $X_7$

1. 应急预案 $X_{71}$

结合实际情况填写，应包含与承灾体相关的自然灾害应急预案。

2. 地质水文气象等资料 $X_{72}$

结合实际情况填写。

3. 设计文件 $X_{73}$

结合实际情况填写。

4. 监测设施运行情况 $X_{74}$

结合实际情况填写。

## 四、航运枢纽设施

（一）复杂程度 $X_1$

1. 航道等级 $X_{11}$

结合实际情况选择，相关参数可参照初步设计报告。

2. 水电站装机容量（MW）$X_{12}$

结合实际情况选择，相关参数可参照初步设计报告。

3. 已运营年数（年）$X_{13}$

通航建筑物试运行结束后正式运营的年数。

（二）周边环境 $X_2$

1. 保护城镇及工矿企业的重要性 $X_{21}$

定性判断。一般枢纽设施等别一级对应特别重要，二级对应重要。

2. 周边的环境 $X_{22}$

定性判断，以航运枢纽外围 1000 m 范围以内的区域为界。

（三）自然灾害信息 $X_3$

1. 灾类类型数量（个）$X_{31}$

综合指标，进行多个灾类评价时使用此指标。当无自然灾害时，选择值为 0。

2. 灾种类型数量（个）$X_{32}$

综合指标，进行单一灾类评价时使用此指标。当无自然灾害时，选择值为 0。

3. 地震灾害次数（次）$X_{33}$

灾类指标。当无地震灾害时，选择值为 0。其他灾害评价时，不考虑此指标。

4. 抗震设防烈度（度）$X_{34}$

地震灾害辅助指标。当无地震灾害时，选择值为 0。其他灾害评价时，不考虑此指标。

5. 地质灾害次数（次）$X_{35}$

灾类指标。当无本灾类及其包含的灾种时，选择值为 0。其他灾害评价时，不考虑此指标。

6. 崩塌灾害次数（次）$X_{36}$

灾种指标。灾种的次数默认累加到其归属的灾类次数中。当无本灾种时，选择值为 0。其他灾害评价时，不考虑此指标。

7. 滑坡灾害次数（次）$X_{37}$

灾种指标。灾种的次数默认累加到其归属的灾类次数中。当无本

灾种时，选择值为0。其他灾害评价时，不考虑此指标。

8. 泥石流灾害次数（次）$X_{38}$

灾种指标。灾种的次数默认累加到其归属的灾类次数中。当无本灾种时，选择值为0。其他灾害评价时，不考虑此指标。

9. 水旱灾害次数（次）$X_{39}$

灾类指标。当无本灾类及其包含的灾种时，选择值为0。其他灾害评价时，不考虑此指标。

10. 干旱灾害次数（次）$X_{310}$

灾种指标。灾种的次数默认累加到其归属的灾类次数中。当无本灾种时，选择值为0。其他灾害评价时，不考虑此指标。

11. 洪涝灾害次数（次）$X_{311}$

灾种指标。灾种的次数默认累加到其归属的灾类次数中。当无本灾种时，选择值为0。其他灾害评价时，不考虑此指标。

12. 气象灾害次数（次）$X_{312}$

灾类指标。当无本灾类及其包含的灾种时，选择值为0。其他灾害评价时，不考虑此指标。

13. 台风灾害次数（次）$X_{313}$

灾种指标，年平均次数。灾种的次数默认累加到其归属的灾类次数中。当无本灾种时，选择值为0。其他灾害评价时，不考虑此指标。

14. 暴雨灾害次数（次）$X_{314}$

灾种指标，年平均次数。灾种的次数默认累加到其归属的灾类次数中。当无本灾种时，选择值为0。其他灾害评价时，不考虑此指标。

15. 大风灾害次数（次）$X_{315}$

灾种指标，年平均次数。灾种的次数默认累加到其归属的灾类次数中。当无本灾种时，选择值为0。其他灾害评价时，不考虑此指标。

16. 雷电灾害次数（次）$X_{316}$

灾种指标，年平均次数。灾种的次数默认累加到其归属的灾类次数中。当无本灾种时，选择值为0。其他灾害评价时，不考虑此指标。

（四）结构灾害信息 $X_4$

1. 结构灾害次数（次）$X_{41}$

与附录中结构灾害信息表格的内容保持一致。

2. 结构灾害类型数量（个）$X_{42}$

与附录中结构灾害信息表格的内容保持一致。

（五）减灾资源和能力 $X_5$

1. 减灾资源 $X_{51}$

结合应急预案和实际情况填写。

2. 专业救灾队伍 $X_{52}$

结合应急预案和实际情况填写。其中，专业救灾队伍可属于外部单位，需要有救援协议。

（六）隐患信息 $X_6$

1. 安全鉴定结果 $X_{61}$

选择分值最高的安全鉴定结果。

2. 一般隐患数量（个）$X_{62}$

因自然灾害引发的一般隐患数量。一般隐患，指因自然因素导致的使水路承灾体可能发生人员伤亡或直接经济损失的潜在危险因素，包含建筑物存在少量的非贯穿性开裂、脱空、错位等破损，未引起土体变形的少量管涌、流沙等现象。

3. 重大隐患数量（个）$X_{63}$

因自然灾害引发的重大隐患数量。重大隐患，指因自然因素导致的使水路承灾体可能发生人员伤亡或直接经济损失的潜在危险因素，包含建筑物存在贯穿性或严重的开裂、脱空、错位等破损，引起土体变形的明显的管涌、流沙等现象。

（七）资料完整性 $X_7$

1. 应急预案 $X_{71}$

结合实际情况填写，应包含与承灾体相关的自然灾害应急预案。

2. 地质水文气象等资料 $X_{72}$

结合实际情况填写。

3. 设计文件 $X_{73}$

结合实际情况填写。

4. 监测设施运行情况 $X_{74}$

结合实际情况填写。

# 第六章 案 例

## 第一节 港口设施风险评价和风险区划

### 一、沿海作业区

（一）介绍

某沿海港区存在危险品码头，陆域储罐等级Ⅱ级，共有 3 个万吨级及以上泊位，泊位最大吨级为 $10\times10^4$ t，结构型式为高桩结构，防波堤长度 3000 m，最深处高度 15 m，大型机械设备 4 台，码头已运营 20 年。

码头离岸距离 1.5 km，水域掩护条件好，周边无其他影响安全的设施，防台、避风锚地好，距离区域较近。

自然灾害共 2 个，地震灾害 1 次，抗震设防烈度 8 度，海浪灾害 1 次，极端高水位 50 年一遇波要素 $H_{1\%}$ 为 4 m。地震灾害造成 1 人死亡，6 人重伤，直接经济损失 400 万元；海浪灾害造成直接经济损失 100 万元。

结构灾害类型 1 个，数量 1 次，为自然因素导致的地基滑坡。

减灾资源和专业救援队伍基本满足预案要求。

一般事故隐患年平均数量 6 个，重大事故隐患年平均数量 0 个。

应急预案已评审并发布，地质水文气象等资料和设计文件资料完整，监测设施正常运行率大于 60%。

（二）海浪灾害（灾种）综合风险计算结果

（1）危险性评价：危险性指数 $P$ 值为 37.78，查表 5-2 水路自然灾害综合风险评估可能性等级标准可知，概率等级为偶然。海浪灾害（灾种）危险性评价计算见表6-1。

表6-1　海浪灾害（灾种）危险性评价计算表

| 主要指标 | 复杂程度 | 周边环境 | 自然灾害信息 | 结构灾害信息 | 减灾资源和能力 | 隐患信息 | 资料完整性 |
|---|---|---|---|---|---|---|---|
| 权重 | 0.20 | 0.10 | 0.40 | 0.10 | 0.10 | 0.05 | 0.05 |
| 取值 | 53.09 | 21.88 | 41.11 | 30.00 | 30.00 | 35.00 | 15.63 |
| 乘积 | 10.62 | 2.19 | 16.44 | 3.00 | 3.00 | 1.75 | 0.78 |
| 综合 | 37.78 | | | | | | |

（2）危害性评价：查表5-4水路自然灾害危害评价后果等级标准可知，后果等级为一般。

（3）风险分级：查表5-5风险等级划分可知，风险分级为一般风险（Ⅱ级）。

（4）风险区划：黄色。

（三）地震灾害（灾类）综合风险计算结果

（1）危险性评价：危险性指数 $P$ 值为35.56，查表5-2水路自然灾害综合风险评估可能性等级标准可知，概率等级为偶然。地震灾害（灾类）危险性评价计算见表6-2。

表6-2　地震灾害（灾类）危险性评价计算表

| 主要指标 | 复杂程度 | 周边环境 | 自然灾害信息 | 结构灾害信息 | 减灾资源和能力 | 隐患信息 | 资料完整性 |
|---|---|---|---|---|---|---|---|
| 权重 | 0.20 | 0.10 | 0.40 | 0.10 | 0.10 | 0.05 | 0.05 |
| 取值 | 53.09 | 21.88 | 35.56 | 30.00 | 30.00 | 35.00 | 15.63 |
| 乘积 | 10.62 | 2.19 | 14.22 | 3.00 | 3.00 | 1.75 | 0.78 |
| 综合 | 35.56 | | | | | | |

（2）危害性评价：查表5-4水路自然灾害危害评价后果等级标

准可知，后果等级为一般。

（3）风险分级：查表5-5风险等级划分可知，风险分级为一般风险（Ⅱ级）。

（4）风险区划：黄色。

（四）自然灾害综合风险计算结果

（1）危险性评价：危险性指数$P$值为35.56，查表5-2水路自然灾害综合风险评估可能性等级标准可知，概率等级为偶然。沿海作业区自然灾害危险性评价计算见表6-3。

表6-3 沿海作业区自然灾害危险性评价计算表

| 主要指标 | 复杂程度 | 周边环境 | 自然灾害信息 | 结构灾害信息 | 减灾资源和能力 | 隐患信息 | 资料完整性 |
|---|---|---|---|---|---|---|---|
| 权重 | 0.20 | 0.10 | 0.40 | 0.10 | 0.10 | 0.05 | 0.05 |
| 取值 | 53.09 | 21.88 | 35.56 | 30.00 | 30.00 | 35.00 | 15.63 |
| 乘积 | 10.62 | 2.19 | 14.22 | 3.00 | 3.00 | 1.75 | 0.78 |
| 综合 | 35.56 | | | | | | |

（2）危害性评价：查表5-4水路自然灾害危害评价后果等级标准可知，后果等级为一般。

（3）风险分级：查表5-5风险等级划分可知，风险分级为一般风险（Ⅱ级）。

（4）风险区划：黄色。

## 二、内河作业区

（一）介绍

某内河港区存在散粮码头，共有2个千吨级及以上泊位，无储罐，泊位最大吨级为2000 t，结构型式为高桩结构，无大型机械设备，码头已运营20年。

周边无其他影响安全的设施。

自然灾害共2个，地震灾害1次，抗震设防烈度7度，水旱灾害

1次。造成8人死亡，3人重伤，直接经济损失200万元。

无结构灾害。

减灾资源和专业救援队伍基本满足预案要求。

一般事故隐患年平均数量15个，重大事故隐患年平均数量0个。

应急预案已评审并发布，地质水文气象等资料和设计文件资料完整，监测设施正常运行率大于60%。

（二）自然灾害综合风险计算结果

（1）危险性评价：危险性指数$P$值为28.03，查表5-2水路自然灾害综合风险评估可能性等级标准可知，概率等级为可能性很小。内河作业区自然灾害危险性评价计算见表6-4。

表6-4　内河作业区自然灾害危险性评价计算表

| 主要指标 | 复杂程度 | 周边环境 | 自然灾害信息 | 结构灾害信息 | 减灾资源和能力 | 隐患信息 | 资料完整性 |
|---|---|---|---|---|---|---|---|
| 权重 | 0.20 | 0.10 | 0.40 | 0.10 | 0.10 | 0.05 | 0.05 |
| 取值 | 22.65 | 20.00 | 35.56 | 10.00 | 30.00 | 50.00 | 15.63 |
| 乘积 | 4.53 | 2.00 | 14.22 | 1.00 | 3.00 | 2.50 | 0.78 |
| 综合 | 28.03 | | | | | | |

（2）危害性评价：查表5-4水路自然灾害危害评价后果等级标准可知，后果等级为较大。

（3）风险分级：查表5-5风险等级划分可知，风险分级为一般风险（Ⅱ级）。

（4）风险区划：黄色。

## 第二节　航道设施风险评价和风险区划

### 一、介绍

某内河航道等级Ⅲ级，存在沙质浅滩，二线航道。

航标配置满足规范要求，周边有易燃易爆、有毒有害管线、储罐等。

自然灾害共1个，洪涝灾害1次。造成1人死亡，4人重伤，直接经济损失50万元。

结构灾害类型1个，数量1次，为自然因素导致的航道阻塞。

减灾资源和专业救援队伍基本满足预案要求。

一般事故隐患年平均数量3个，重大事故隐患年平均数量0个。

应急预案已评审并发布，地质水文气象等资料和设计文件资料完整，监测设施正常运行率大于60%。

## 二、自然灾害综合风险计算结果

（1）危险性评价：危险性指数 $P$ 值为25.91，查表5-2水路自然灾害综合风险评估可能性等级标准可知，概率等级为可能性很小。航道自然灾害危险性评价计算见表6-5。

表6-5 航道自然灾害危险性评价计算表

| 主要指标 | 复杂程度 | 周边环境 | 自然灾害信息 | 结构灾害信息 | 减灾资源和能力 | 隐患信息 | 资料完整性 |
|---|---|---|---|---|---|---|---|
| 权重 | 0.20 | 0.10 | 0.40 | 0.10 | 0.10 | 0.05 | 0.05 |
| 取值 | 24.44 | 30.00 | 25.60 | 30.00 | 30.00 | 20.00 | 15.63 |
| 乘积 | 4.89 | 3.00 | 10.24 | 3.00 | 3.00 | 1.00 | 0.78 |
| 综合 | 25.91 | | | | | | |

（2）危害性评价：查表5-4水路自然灾害危害评价后果等级标准可知，后果等级为一般。

（3）风险分级：查表5-5风险等级划分可知，风险分级为一般风险（Ⅱ级）。

（4）风险区划：黄色。

# 第三节　通航建筑物设施风险评价和风险区划

## 一、介绍

某内河航道等级Ⅲ级，水头 3 m，已运营 5 年。

建筑物失事后对下游企业和城乡居民的生活和生产造成的损失小，周边无其他影响安全的设施。

自然灾害共 1 个，地震灾害 1 次，抗震设防烈度 8 度。造成 1 人重伤，直接经济损失 20 万元。

无结构灾害。

减灾资源和专业救援队伍完全满足预案要求。

一般事故隐患年平均数量 2 个，重大事故隐患年平均数量 0 个。

应急预案已评审并发布，地质水文气象等资料和设计文件资料完整，监测设施正常运行率大于 60%。

## 二、自然灾害综合风险计算结果

（1）危险性评价：危险性指数 $P$ 值为 19.35，查表 5-2 水路自然灾害综合风险评估可能性等级标准可知，概率等级为可能性很小。通航建筑物设施自然灾害危险性评价计算见表 6-6。

表 6-6　通航建筑物设施自然灾害危险性评价计算表

| 主要指标 | 复杂程度 | 周边环境 | 自然灾害信息 | 结构灾害信息 | 减灾资源和能力 | 隐患信息 | 资料完整性 |
|---|---|---|---|---|---|---|---|
| 权重 | 0.20 | 0.10 | 0.40 | 0.10 | 0.10 | 0.05 | 0.05 |
| 取值 | 16.67 | 20.00 | 25.60 | 10.00 | 10.00 | 20.00 | 15.63 |
| 乘积 | 3.33 | 2.00 | 10.24 | 1.00 | 1.00 | 1.00 | 0.78 |
| 综合 | 19.35 | | | | | | |

（2）危害性评价：查表 5-4 水路自然灾害危害评价后果等级标

准可知，后果等级为小。

（3）风险分级：查表 5-5 风险等级划分可知，风险分级为较小风险（Ⅰ级）。

（4）风险区划：绿色。

## 第四节　航运枢纽设施风险评价和风险区划

### 一、介绍

某内河航道等级Ⅱ级，水电站装机容量 300 MW，已运营 30 年。

保护城镇及工矿企业的重要性为重要，周边有易燃易爆、有毒有害管线、储罐等。

自然灾害共 1 个，滑坡灾害 1 次。造成 11 人死亡，2 人重伤，直接经济损失 50 万元。

结构灾害类型 1 个，数量 1 次，为自然因素导致的沉降变形。

减灾资源和专业救援队伍基本满足预案要求。

安全鉴定结果为二类坝，一般事故隐患年平均数量 20 个，重大事故隐患年平均数量 0 个。

应急预案已评审并发布，地质水文气象等资料和设计文件资料完整，监测设施正常运行率大于 60%。

### 二、自然灾害综合风险计算结果

（1）危险性评价：危险性指数 $P$ 值为 33.41，查表 5-2 水路自然灾害综合风险评估可能性等级标准可知，概率等级为偶然。航运枢纽设施自然灾害危险性评价计算见表 6-7。

（2）危害性评价：查表 5-4 水路自然灾害危害评价后果等级标准可知，后果等级为重大。

（3）风险分级：较大风险（Ⅲ级）。

（4）风险区划：橙色。

表 6-7　航运枢纽设施自然灾害危险性评价计算表

| 主要指标 | 复杂程度 | 周边环境 | 自然灾害信息 | 结构灾害信息 | 减灾资源和能力 | 隐患信息 | 资料完整性 |
|---|---|---|---|---|---|---|---|
| 权重 | 0.20 | 0.10 | 0.40 | 0.10 | 0.10 | 0.05 | 0.05 |
| 取值 | 45.56 | 45.00 | 25.60 | 30.00 | 30.00 | 55.56 | 15.63 |
| 乘积 | 9.11 | 4.50 | 10.24 | 3.00 | 3.00 | 2.78 | 0.78 |
| 综合 | 33.41 | | | | | | |

## 第五节　区域风险评价和风险区划

此项内容包含以上内河作业区、航道设施、通航建筑物设施和航运枢纽设施案例。

（1）危险性评价：采用指标体系法计算权重，危险性指数 $P$ 值为 29.45，查表 5-2 水路自然灾害综合风险评估可能性等级标准可知，概率等级为可能性很小。区域自然灾害危险性评价计算见表 6-8。

表 6-8　区域自然灾害危险性评价计算表

| 内容 | 港口设施 | 航道设施 | 通航建筑物设施 | 航运枢纽设施 |
|---|---|---|---|---|
| 权重 | 0.31 | 0.19 | 0.06 | 0.44 |
| 取值 | 28.03 | 25.91 | 19.35 | 33.41 |
| 乘积 | 8.76 | 4.86 | 1.21 | 14.62 |
| 综合 | 29.45 | | | |

（2）危害性评价：按照就高原则，查表 5-4 水路自然灾害危害评价后果等级标准可知，后果等级为重大。区域自然灾害危害性评价计算见表 6-9。

（3）风险分级：查表 5-5 风险等级划分可知，风险分级为较大风险（Ⅲ级）。

（4）风险区划：橙色。

表 6-9 区域自然灾害危害性评价计算表

| 类型 | 港口设施 | 航道设施 | 通航建筑物设施 | 航运枢纽设施 | 最大值 |
|---|---|---|---|---|---|
| 人员死亡 | 8 | 1 | 0 | 11 | 11 |
| 人员重伤 | 3 | 4 | 1 | 2 | 4 |
| 直接经济损失（万元） | 200 | 50 | 20 | 50 | 200 |

## 第六节 成 果

行政单元或空间单元可按照灾类或灾种进行风险评价和风险区划，以及进行自然灾害综合风险评价和风险区划。风险评价和风险区域成果示例见表 6-10。

表 6-10 风险评价和风险区域成果示例

| 编号 | 区域 | 灾害类型 | 类型 | 风险等级 | 风险区划 |
|---|---|---|---|---|---|
| 1 | （1）行政单元：省、市、县(市、区)；（2）空间单元：港口（港区、作业区）、航道设施、通航建筑物设施、航运枢纽设施 | 自然灾害 | 综合 | 较大风险（Ⅲ级） | 橙色 |
| 2 | | 地震灾害 | 灾类 | 重大风险（Ⅳ级） | 红色 |
| 3 | | 地质灾害 | 灾类 | 较大风险（Ⅲ级） | 橙色 |
| 4 | | 崩塌灾害 | 灾种 | 一般风险（Ⅱ级） | 黄色 |
| 5 | | 滑坡灾害 | 灾种 | 较大风险（Ⅲ级） | 橙色 |
| 6 | | 泥石流灾害 | 灾种 | 一般风险（Ⅱ级） | 黄色 |
| 7 | | 气象灾害 | 灾类 | 较小风险（Ⅰ级） | 绿色 |
| 8 | | 台风灾害 | 灾种 | 较小风险（Ⅰ级） | 绿色 |
| 9 | | 暴雨灾害 | 灾种 | 较小风险（Ⅰ级） | 绿色 |
| 10 | | 大风灾害 | 灾种 | 较小风险（Ⅰ级） | 绿色 |
| 11 | | 雷电灾害 | 灾种 | 较小风险（Ⅰ级） | 绿色 |
| 12 | | 水旱灾害 | 灾类 | 较小风险（Ⅰ级） | 绿色 |
| 13 | | 干旱灾害 | 灾种 | 较小风险（Ⅰ级） | 绿色 |
| 14 | | 洪涝灾害 | 灾种 | 较小风险（Ⅰ级） | 绿色 |
| 15 | | 海洋灾害 | 灾类 | 较小风险（Ⅰ级） | 绿色 |

表 6-10（续）

| 编号 | 区域 | 灾害类型 | 类型 | 风险等级 | 风险区划 |
|---|---|---|---|---|---|
| 16 | | 风暴潮灾害 | 灾种 | 较小风险（Ⅰ级） | 绿色 |
| 17 | | 海浪灾害 | 灾种 | 较小风险（Ⅰ级） | 绿色 |
| 18 | | 海冰灾害 | 灾种 | 较小风险（Ⅰ级） | 绿色 |
| 19 | | 海啸灾害 | 灾种 | 较小风险（Ⅰ级） | 绿色 |

# 附录一　名　词　解　释

1. 水路自然灾害

不利自然条件造成水路承灾体严重破坏或服务能力大幅度下降，甚至造成水路交通中断或受阻的突发性事件。主要包括地震灾害、地质灾害、气象灾害、水旱灾害、海洋灾害等。

2. 水路自然灾害隐患

指由于一定的致灾因素或水路承灾体防护能力不足，水路承灾体可能发生人员伤亡或直接经济损失的潜在危险因素，包含一般隐患和重大隐患。

3. 水路基本属性信息

包括港口设施、航道设施、通航建筑物设施和航运枢纽设施信息及设防标准。

4. 水路自然灾害信息

包括自然灾害发生的时间、类型、规模范围、频率，以及灾害造成的人员伤亡、直接经济损失等。

5. 空间分布

水路承灾体及与其相关的自然灾害在地理空间的分布。

6. 总体风险评估

总体风险评估是根据水路承灾体的工程复杂程度、周边环境、自然灾害信息、结构灾害信息、减灾资源和能力、隐患信息、资料完整性等，以及人员伤亡和经济损失等，评估水路承灾体的整体风险，并确定灾类风险等级，绘制综合风险区划图和灾类风险区划图。

# 附录二　常见问题解答

1. 作业区存在多家单位时如何填报？

作业区填报数据可由唯一一个填报人统一负责，也可由此填报人授权多人分别填报，经此填报人校核调整后，形成一套统一的表格上报。

2. 同一港区存在多个作业区时的注意事项？

注意港区名称的唯一性和一致性。同一港区不同作业区的共用部分，如防波堤等，填报数据也应具有一致性。

3. 港口设施、航道设施、通航建筑物设施、航运枢纽设施关键点经纬度填报有要求吗？

港口作业区关键点不少于 4 个，采用 2000 国家大地坐标系，连续点依序按顺时针输入采集系统。内河航道不少于 3 个关键点，主航道中心线关键点中每三个连续采样点所组成的夹角不应小于 130°，相邻两点的连线不得与陆域相交。通航建筑物和航运枢纽的关键点不少于 4 个，采用 2000 国家大地坐标系，连续点依序按顺时针输入采集系统，选择主体建筑物轮廓关键点。每个关键点与实际偏移程度不超过 10 m 误差。具体参见《自然灾害综合风险水路承灾体普查数据与成果质检核查技术规则》。

4. 总体风险评估指标的分值范围可以调整吗？

不允许填报人员修改，但可提出合理改进建议。交通运输部将结合普查总体情况和有关意见建议进行优化调整。

5. 普查信息填报后允许修改吗？

未提交上级审核的数据可以修改；已提交上级审核的数据需与上级沟通将数据退回后修改。

6. 本次普查仅需填报附录中的表格数据吗？

否。在填报附录中的表格数据的基础上，还应包括：①必要的各类图片、照片等原始资料；②实地调查获得的补充资料；③港区平面图（或规划图）、初步设计报告、竣工平面图、典型断面图等电子版资料；④灾害事故报告；⑤工作总结报告、质量检查报告、质量审核报告、质量抽查报告。以上材料将作为后续进一步风险评估的依据。

7. 港口内自然灾害信息统计单元是什么？

港口自然灾害信息以作业区为统计单元。

8. 沿海作业区内没有万吨级及以上泊位，是否需要调查？

不需要。

9. “三级及以上航道”是现状三级及以上航道吗？

本次普查包括已竣工验收的三级及以上航道和在建的三级及以上航道。

10. 船闸填报的最小单元，是按照每一线船闸进行多次填报，还是按照船闸管理单元填报？

多线船闸按照船闸管理单元填报，其中每一线船闸作为一个船闸填报。

11. 普查系统卫星底图可否用于采集空间信息？

以符合质控规则要求的实际采集数据为准，不能通过普查系统中卫星底图采集空间数据信息。

# 附录三　常见不合格项

1. 行政区划及相关名称填写不规范、不统一

具体表现：港口、港区、作业区行政区划未填至区县，港口、港区、作业区、泊位、航道等名称填写随意；多个泊位合并按照一个泊位进行填报，比如泊位名称采用“1号—10号泊位”等。

提示及建议：由县级或市级管理部门补充水路承灾体风险评价单元名称（如港口、港区、作业区信息的创建），企业用户直接选择，避免同一单元多个名称。行政区划应填至区县，如无法填至须说明原因。同时，码头泊位、航道、防波堤、仓库等名称填写时应采用设计审批或规划使用名称，保持规范、统一。

2. 关键信息填写数据存疑或明显错误

具体表现：安全等级、设计波高、造价、高程等关键信息填写不符合逻辑。如大量普通泊位安全等级为一级，年吞吐量小于泊位吨级，设计使用年限填写为规范中不常见的年限数字，码头高程前后矛盾，造价过高或过低，抗风等级不符合常理等。

作业区名称填报不符合要求如附图1所示，作业区名称为乱码。

设计使用年限和造价等填报不符合要求如附图2所示，设计使用年限数值应大于0，造价数值应大于0。

码头前沿顶高程和码头前沿底高程填报不符合要求如附图3所示，码头前沿顶高程应大于码头前沿底高程。

工作状态和非工作状态的抗风等级和风速设计标准填报不符合要求如附图4所示，工作状态数值应小于非工作状态数值，需要进行核实。

附图 1　作业区名称填报不符合要求

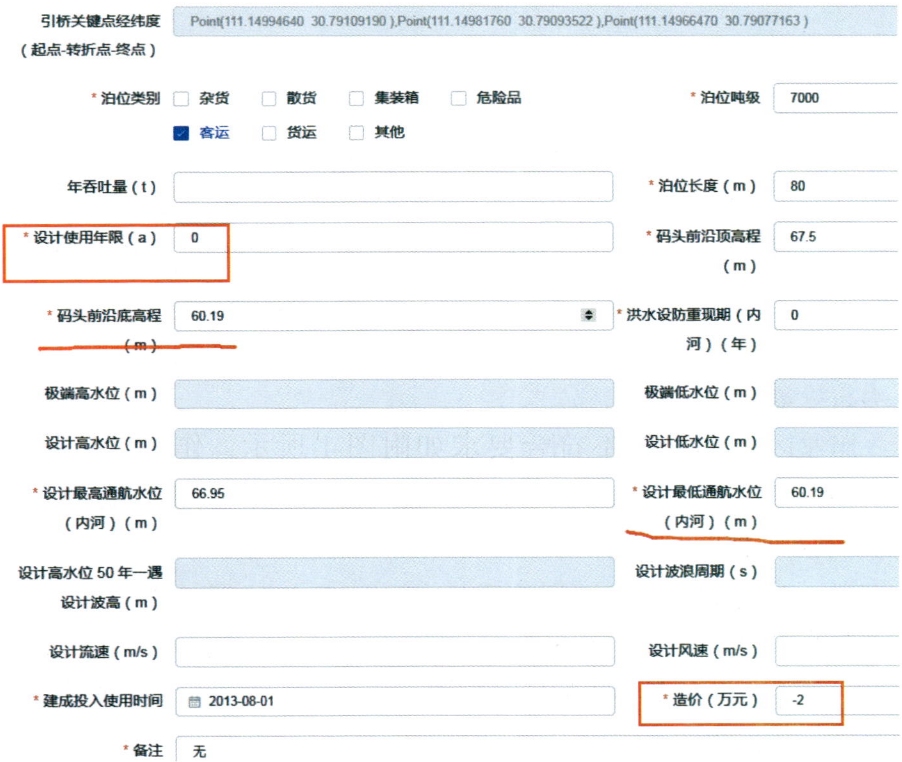


附图 2　设计使用年限和造价等填报不符合要求

附图 3　码头前沿顶高程和码头前沿底高程填报不符合要求

附图 4　工作状态和非工作状态的抗风等级和风速设计标准填报不符合要求

提示及建议：填报过程中应认真查阅相关设计、竣工、验收等归档资料，依据资料进行逐项填报，同时建立台账清单，对每项指标数据的来源出处进行备注，便于后期的校对审核；特别注意填报指标项单位，避免由于依据资料标注的单位与技术指南要求的单位不一致，未进行转换而造成数据错误。

3. 部分必填项数据信息缺失

具体表现：设计水位、造价、高程等部分必填项数据信息未填写，或相关数据填写为 0 等。

提示及建议：填报过程中应进一步查阅和梳理相关设计、竣工、验收等归档资料，依据资料进行逐项填报。对于缺少资料支撑的指标信息，可以采取现场调查、勘察测量、检（监）测等多种技术手段获取相关数据信息。

4. 关键点经纬度坐标不符合要求

具体表现：关键点经纬度不准确，位置偏移或存疑（遥感核查经纬度位置与承灾体实际位置不一致)，位置未偏移但长度存疑（遥感核查长度与填报长度不一致)，点位采集顺序错误（未按照一定方向依次进行采集，出现先采两端、后采中间等交叉采点的情况)，点位重复采集（经纬度点数值相同)，点数不足（未形成线，作业区未形成封闭面）等。

关键点定位不符合要求如附图 5 所示，关键点位置偏移不满足精度要求。

关键点填报数量和顺序不符合要求如附图 6 所示，关键点数量缺失，录入顺序不符合要求。

提示及建议：本类型错误较普遍，应引起足够重视。作业区、船闸、升船机、航运枢纽为面单元，码头泊位、引桥、防波堤、引堤和护岸、进出港航道、内河航道、航道整治建筑物为线单元。面单元应填报不少于 4 个关键点经纬度，线单元不少于 3 个关键点经纬度。涉及进出港航道和内河航道关键点应在航道中心线上选择，关键点中每三个连续采样点所组成的夹角不应小于 130°，且内河航道关键点连

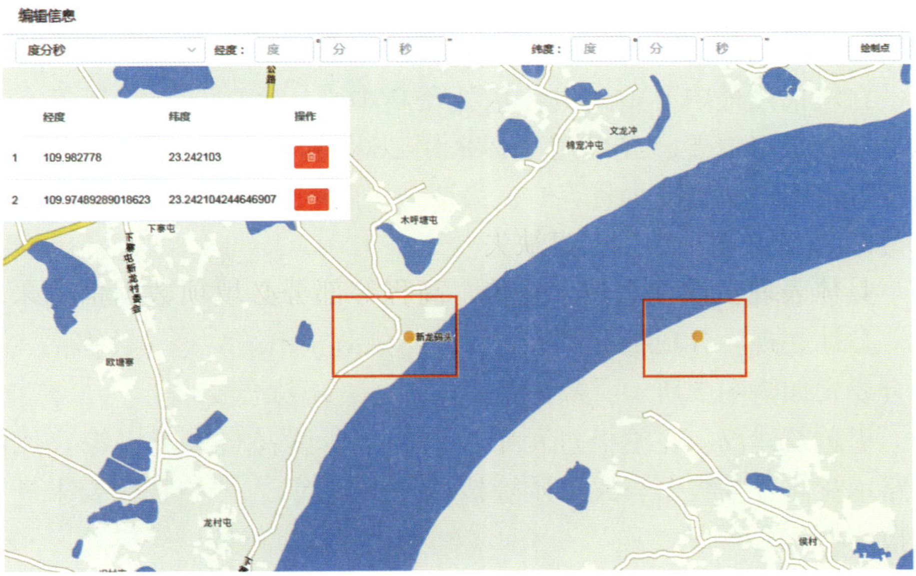


附图 5 关键点定位不符合要求

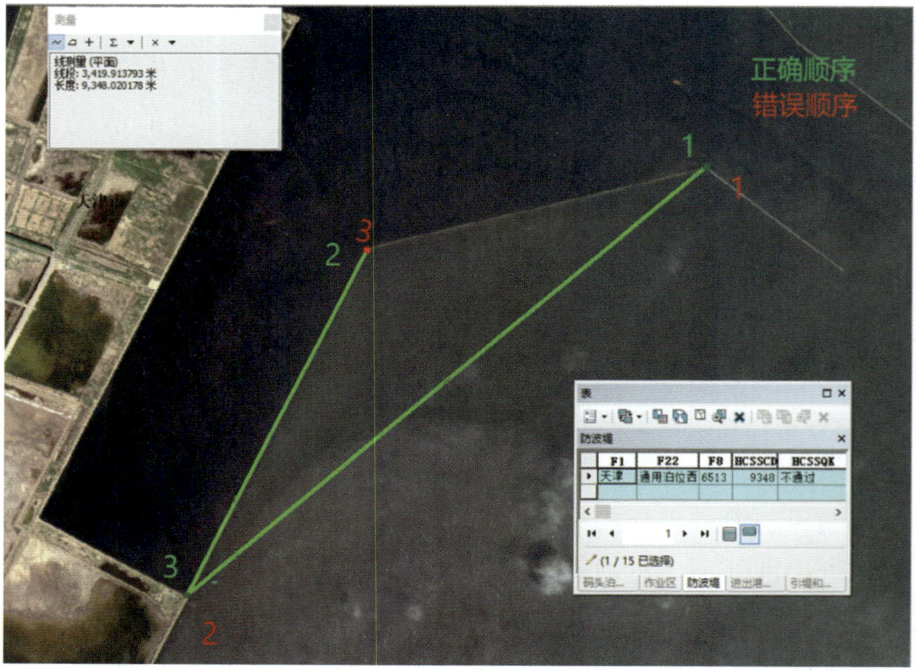


附图 6　关键点填报数量和顺序不符合要求

线不能与陆地相交；码头泊位关键点应在码头前沿线上选择。

在填报过程中要重点关注依托资料中坐标系的选择和转换（提示：技术指南中要求经纬度坐标采用 2000 国家大地坐标系），注意点位填报顺序。当缺少资料时，采取现场踏勘测量的方式，获取准确的数据。

5. 数据格式不符合技术规则要求

具体表现：各项指标小数点保留不规范、不统一等。数据格式不符合要求如附图 7 所示，数据精度未统一，不符合要求。

提示及建议：在填报过程中，应认真研读《自然灾害综合风险水路承灾体普查数据与成果质检核查技术规则》，严格按照要求进行填报。

6. 上报信息不完整

具体表现：港口、港区、作业区等相关模块数据信息上报时间不

| | | | |
|---|---|---|---|
| * 泊位类别 | ☑ 杂货 ☑ 散货 ☐ 集装箱 ☐ 危险品 ☐ 客运 ☐ 货运 ☐ 其他 | * 泊位吨级 | 150000 |
| 设计年通过能力（t） | | * 泊位长度（m） | 352.8 |
| * 设计使用年限（a） | 50 | * 码头前沿顶高程（m） | 7.0 |
| * 码头前沿底高程（m） | -20 | 洪水设防重现期（内河）（年） | |
| * 极端高水位（m） | 6.48 | * 极端低水位（m） | -0.55 |
| * 设计高水位（m） | 5.34 | * 设计低水位（m） | 0.63 |
| 设计最高通航水位（内河）（m） | | 设计最低通航水位（内河）（m） | |
| * 设计高水位 50 年一遇设计波高（m） | 3.8 | * 设计波浪周期（s） | 8.4 |
| 设计流速（m/s） | | 设计风速（m/s） | |
| * 建成投入使用时间 | 2020-12-31 | * 造价（万元） | 46821 |
| * 备注 | 码头泊位吨级为15万吨级，水工结构按20万吨级设计。 | | |

附图 7　数据格式不符合要求

同步，影响上一级数据审核。

提示及建议：数据上报时，应及时确认相关模块数据是否全部完成上报。

7. 信息重复上报或漏报

具体表现：同一码头泊位等承灾体信息重复上报或漏报。

提示及建议：数据填报完成后，应认真校核/确认是否存在重复填报或漏报情况。

8. 灾害信息不符合上报要求

具体表现：上报未造成人员伤亡和经济损失或经济损失小于 10 万元的灾害信息。自然灾害信息不符合要求如附图 8 所示，直接经济损失小于 10 万元。

提示及建议：认真研读技术指南要求，未造成人员伤亡和经济损失的自然灾害无须填报；未发生人员死亡或重伤，且直接经济损失小于 10 万元的自然灾害不在本次普查范围内。

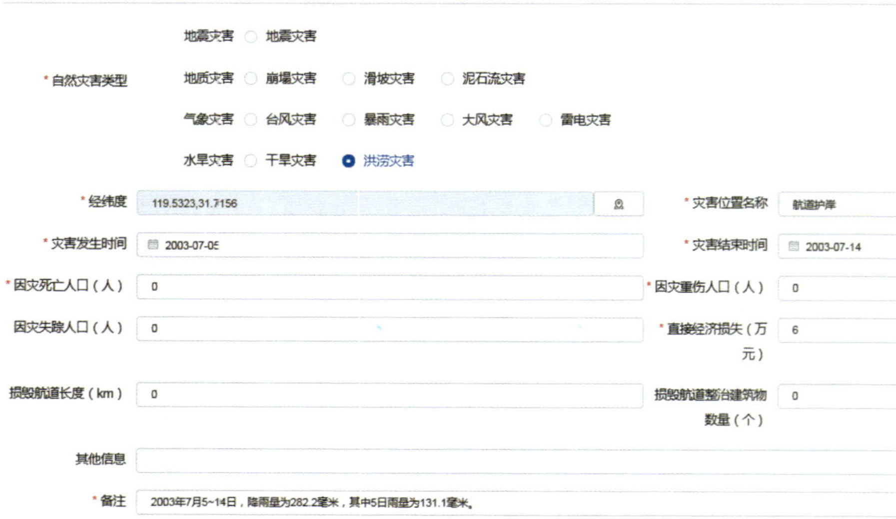


附图 8　自然灾害信息不符合要求

9. 灾害损失错误或存疑

具体表现：灾害损失存疑，达到几亿甚至几十亿元。

提示及建议：灾害损失是指造成承灾体本身功能受到影响的损失。在填报过程中，不应计入非承灾体本身的损失（如房屋损毁、农田受灾等）。

10. 灾害信息填写不规范

具体表现：相关信息填写前后矛盾或存疑，承灾体名称填写随意。

11. 灾害信息部分必填项信息未填写

具体表现：经纬度等部分必填项信息缺失等。必填项信息不符合要求如附图 9 所示，经纬度信息缺失。

提示及建议：填报过程中应进一步查阅和梳理相关资料，依据资料进行填报。

12. 灾害信息未根据实际情况进行填报

具体表现：“重水路承灾体属性信息填报、轻灾害信息搜集”现

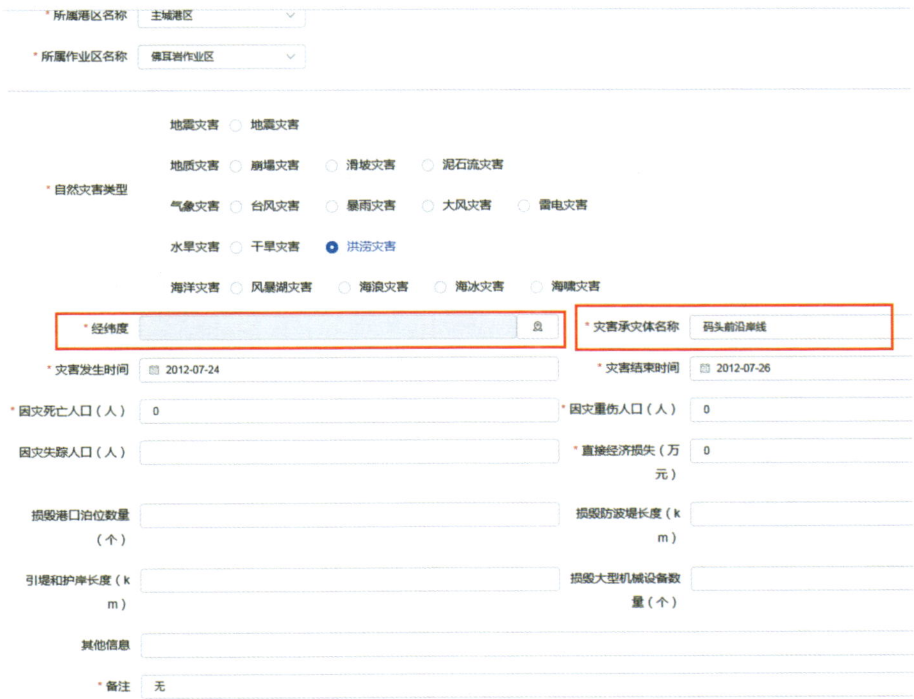


附图 9　必填项信息不符合要求

象比较突出。

提示及建议：提高认识，加强相关信息的调研和搜集整理，客观全面提交相关数据信息。

13. 系统相关模块信息填报不全面

具体表现：风险评估指标填报信息不完整、不全面，内容前后矛盾等（如泊位数量前后不一致）；归档资料不及时提交等。

提示及建议：提高认识，认真核对，按照要求及时、客观、全面提交全部数据内容。

# 附录四 港口普查表

<table>
<tr><td colspan="4">1. 基础信息</td></tr>
<tr><td>* 行政区划</td><td colspan="3">______省______市______县</td></tr>
<tr><td>* 港口名称</td><td colspan="3"></td></tr>
<tr><td>* 港区名称</td><td colspan="3"></td></tr>
<tr><td>* 作业区名称</td><td colspan="3"></td></tr>
<tr><td>* 作业区关键点经纬度（不少于 4 个）</td><td colspan="3"></td></tr>
<tr><td colspan="4">1.1 码头泊位基本信息</td></tr>
<tr><td colspan="4">码头泊位第______个（共______个）（□在建　□营运）</td></tr>
<tr><td>* 泊位名称或编号</td><td colspan="3"></td></tr>
<tr><td>* 码头型式</td><td colspan="3">□直立式码头　□斜坡式码头　□浮码头　□其他</td></tr>
<tr><td>* 结构型式</td><td colspan="3">□重力式码头　□高桩码头　□板桩码头　□墩柱式码头<br>□其他</td></tr>
<tr><td>* 抗震设防标准</td><td colspan="3">□标准设防类　□重点设防类　□特殊设防类　□适度设防类</td></tr>
<tr><td>* 抗震设防烈度（度）</td><td colspan="3">□6　□7　□8　□9</td></tr>
<tr><td>* 结构安全等级</td><td colspan="3">□一级　□二级</td></tr>
<tr><td>* 泊位关键点经纬度（起点—转折点—终点）</td><td colspan="3"></td></tr>
<tr><td>引桥关键点经纬度（起点—转折点—终点）</td><td colspan="3"></td></tr>
<tr><td>* 是否危险品码头</td><td colspan="3">□是　□否</td></tr>
<tr><td>* 泊位类别</td><td>□件杂货　□散货　□集装箱<br>□油气化工　□客运　□货滚<br>□其他</td><td>* 泊位吨级（t）</td><td></td></tr>
</table>

（续）

| 设计年通过能力（$10^4$t/$10^4$TEU/$10^4$ 人） | | ＊泊位长度（m） | |
|---|---|---|---|
| ＊设计使用年限（a） | | ＊码头前沿顶高程（m） | |
| ＊码头前沿底高程（m） | | ＊洪水设防重现期（内河）（a） | |
| ＊极端高水位（m） | | ＊极端低水位（m） | |
| ＊设计高水位（m） | | ＊设计低水位（m） | |
| ＊设计最高通航水位（内河）（m） | | ＊设计最低通航水位（内河）（m） | |
| ＊设计高水位 50 年一遇设计波高（m） | | ＊设计波浪周期（s） | |
| 设计流速（m/s） | | 设计风速（m/s） | |
| ＊建成投入使用时间 | | ＊造价（万元） | |
| 1.2 防波堤 | | | |
| 第______个（共______个）（□在建 □营运） | | | |
| ＊防波堤名称 | | | |
| ＊防波堤关键点经纬度（起点—转折点—终点） | | | |
| ＊防波堤高度（m）（起点—转折点—终点） | | | |
| ＊总长度（m） | | ＊结构类型 | □斜坡式<br>□直立式<br>□混合式<br>□其他 |

(续)

| *结构安全等级 | □一级　□二级 | *抗震设防标准 | □标准设防类<br>□重点设防类<br>□特殊设防类<br>□适度设防类 |
|---|---|---|---|
| *抗震设防烈度(度) | □6　□7　□8　□9 | | |
| *设计使用年限(a) | | *设计高水位(m) | |
| *设计高水位高潮累计频率(%) | | *设计高水位50年一遇设计波高(m) | |
| *消浪块体类型 | □扭王字块　□扭工字块<br>□四脚锥体　□其他 | *消浪块体单块质量(最大)(kg) | |
| *建成投入使用时间 | | *造价(万元) | |
| 1.3 引堤和护岸 | | | |
| 第______个(共______个)(□在建　□营运) | | | |
| *引堤和护岸关键点经纬度(起点—转折点—终点) | | | |
| *总长度(m) | | *结构类型 | □斜坡式<br>□直立式<br>□混合式 |
| *结构安全等级 | □一级　□二级 | *抗震设防标准 | □标准设防类<br>□重点设防类<br>□特殊设防类<br>□适度设防类 |
| *抗震设防烈度(度) | □6　□7　□8　□9 | | |
| *设计使用年限(a) | | 护岸斜坡坡度 | |
| *极端高水位(m) | | *极端高水位重现期(a) | |
| 建成投入使用时间 | | 造价(万元) | |
| 1.4 进出港航道 | | | |
| 第______个(共______个)(□在建　□营运) | | | |

（续）

<table>
<tr><td>* 进出港航道名称</td><td colspan="3"></td></tr>
<tr><td>* 进出港航道关键点经纬度(起点—转折点—终点)</td><td colspan="3"></td></tr>
<tr><td>方位角(°)</td><td></td><td>* 长度(km)</td><td></td></tr>
<tr><td>* 航道等级(内河)</td><td>□Ⅰ级 □Ⅱ级 □Ⅲ级<br>□其他</td><td>* 航道船型设计标准(万吨级)</td><td></td></tr>
<tr><td>* 通航宽度(m)</td><td></td><td>* 通航水深(m)</td><td></td></tr>
<tr><td>设计流速(m/s)</td><td></td><td>* 设计风速(m/s)</td><td></td></tr>
<tr><td>建成投入使用时间</td><td></td><td>造价(万元)</td><td></td></tr>
<tr><td colspan="4">1.5 仓库</td></tr>
<tr><td colspan="4">第______个(共______个)(□在建 □营运)</td></tr>
<tr><td>* 仓库名称</td><td colspan="3"></td></tr>
<tr><td>* 货物类别</td><td colspan="3">□普通货物;□危险货物:□1 爆炸品 □2 气体 □3 易燃液体 □4 易燃固体、易自燃物质、遇水放出易燃气体的物质 □5 氧化性物质和有机过氧化物 □6 有毒和感染性物质 □7 放射性物质 □8 腐蚀性物质 □9 杂类危险物质和物品</td></tr>
<tr><td>* 长度(m)</td><td></td><td>* 宽度(m)</td><td></td></tr>
<tr><td>* 设计荷载(kPa)</td><td colspan="3"></td></tr>
<tr><td>* 抗震设防标准</td><td>□标准设防类 □重点设防类<br>□特殊设防类 □适度设防类</td><td>* 结构安全等级</td><td>□一级<br>□二级</td></tr>
<tr><td>* 抗震设防烈度(度)</td><td colspan="3">□6 □7 □8 □9</td></tr>
<tr><td>* 设计使用年限(a)</td><td></td><td>* 地面高程(m)</td><td></td></tr>
<tr><td>* 建成投入使用时间</td><td></td><td>* 造价(万元)</td><td></td></tr>
<tr><td colspan="4">1.6 大型机械设备</td></tr>
<tr><td colspan="4">第______个(共______个)(□在建 □营运)</td></tr>
<tr><td>* 机械设备名称</td><td></td><td>规格型号</td><td></td></tr>
<tr><td>* 机械设备类型</td><td colspan="3">□港口门座起重机 □岸边集装箱起重机 □轨道式门式起重机<br>□其他</td></tr>
</table>

(续)

| | | | |
|---|---|---|---|
| *抗风等级(级) | | *风速设计标准(m/s) | |
| *建成投入使用时间 | | *造价(万元) | |
| 1.7 储罐 | | | |
| 第______个(共______个)(□在建 □营运) | | | |
| *罐区名称 | | *货物名称 | |
| *地基基础类型 | □桩基础 □处理后地基 | *储罐总数量 | |
| *桩基础类储罐编号 | | *处理后地基类储罐编号 | |
| *形状 | □圆柱形 □球形 | *直径范围(m) | |
| *高度范围(m) | | *总存储能力($m^3$) | |
| *抗震设防标准 | □标准设防类 □重点设防类<br>□特殊设防类 □适度设防类 | *设计使用年限(a) | |
| *抗震设防烈度(度) | □6 □7 □8 □9 | | |
| *储罐防雷类别 | | 储罐雷电流设计值(kA) | |
| *建成投入使用时间 | | *造价(万元) | |
| 1.8 其他(自行补充) | | | |
| 第______个(共______个)(□在建 □营运) | | | |
| 2. 自然灾害信息(1978—2020年)<br>注:1978年前建成的水路承灾体从1978年开始统计,1978年及之后建成的水路承灾体自开工建设年份开始统计 | | | |
| *自然灾害总数量(次) | | | |
| ______灾害第______次(共______次)(□在建 □营运) | | | |
| *自然灾害类型 | □地震灾害<br>□地质灾害:□崩塌灾害 □滑坡灾害 □泥石流灾害<br>□气象灾害:□台风灾害 □暴雨灾害 □大风灾害 □雷电灾害<br>□水旱灾害:□干旱灾害 □洪涝灾害<br>□海洋灾害:□风暴潮灾害 □海浪灾害 □海冰灾害 □海啸灾害 | | |
| *经纬度 | | *灾害承灾体名称 | |
| *灾害发生时间 | | *灾害结束时间 | |

（续）

| | | | |
|---|---|---|---|
| *因灾死亡人口（人） | | *因灾重伤人口（人） | |
| 因灾失踪人口（人） | | *直接经济损失（万元） | |
| 损毁港口泊位数量（个） | | 损毁防波堤长度（m） | |
| 损毁引堤和护岸长度（m） | | 损毁大型机械设备数量（个） | |
| 其他信息 | | | |
| 3. 结构灾害信息（1978—2020 年）<br>注：1978 年前建成的水路承灾体从 1978 年开始统计，1978 年及之后建成的水路承灾体自开工建设年份开始统计 | | | |
| 第______次（共______次）（□在建　□营运） | | | |
| *结构灾害类型 | □地基滑坡　□沉降变形　□航道港池骤淤　□航道阻塞　□其他 | | |
| *经纬度 | | *灾害位置名称 | |
| *灾害发生时间 | | *灾害结束时间 | |
| *因灾死亡人口（人） | | *因灾重伤人口（人） | |
| *直接经济损失（万元） | | 其他信息 | |

4. 总体风险评估指标

| 项别 | 评估指标 | 分级 | 基本分值（$R_{ij}$） | | | 权重系数（$\gamma_{ij}$） | 评估分值（$X_{ij}$） | 说明 |
|---|---|---|---|---|---|---|---|---|
| | | | 分值范围 | 选择 | 取值 | | | |
| 复杂程度 $X_1$ | 码头类型 $X_{11}$ | 危险品码头 | 80 | □ | $R_{11}$ | $\gamma_{11}$ | $X_{11}=R_{11}\times\gamma_{11}$ | 其他码头包含件杂货码头、散货码头、滚装码头等 |
| | | 客运码头、集装箱码头 | 50 | □ | | | | |
| | | 散粮码头 | 30 | □ | | | | |
| | | 其他码头 | 10 | □ | | | | |

（续）

| 项别 | 评估指标 | 分级 | 基本分值($R_{ij}$) | | | 权重系数($\gamma_{ij}$) | 评估分值($X_{ij}$) | 说明 |
|---|---|---|---|---|---|---|---|---|
| | | | 分值范围 | 选择 | 取值 | | | |
| 复杂程度$X_1$ | 储罐等级$X_{12}$ | Ⅲ类 | 80 | □ | $R_{12}$ | $\gamma_{12}$ | $X_{12}=R_{12}\times\gamma_{12}$ | 陆域 |
| | | Ⅱ类 | 50 | □ | | | | |
| | | Ⅰ类 | 30 | □ | | | | |
| | | 无储罐 | 10 | □ | | | | |
| | 沿海泊位吨级($10^4$t)$X_{13}$ | ≥30 | 80 | □___ | $R_{13}$ | $\gamma_{13}$ | $X_{13}=R_{13}\times\gamma_{13}$ | 沿海<br>沿海码头，最大泊位吨级，按水工结构吨级 |
| | | ≥20，<30 | 60 | □___ | | | | |
| | | ≥10，<20 | 50 | □___ | | | | |
| | | ≥5，<10 | 30 | □___ | | | | |
| | | ≥1，<5 | 10 | □___ | | | | |
| | 内河泊位吨级(t)$X_{14}$ | ≥100000 | 80 | □___ | $R_{14}$ | $\gamma_{14}$ | $X_{14}=R_{14}\times\gamma_{14}$ | 内河<br>内河码头，最大泊位吨级，按水工结构吨级 |
| | | ≥10000，<100000 | 60 | □___ | | | | |
| | | ≥3000，<10000 | 40 | □___ | | | | |
| | | ≥1000，<3000 | 20 | □___ | | | | |
| | 泊位数量(个)$X_{15}$ | ≥5 | 70 | □___ | $R_{15}$ | $\gamma_{15}$ | $X_{15}=R_{15}\times\gamma_{15}$ | 沿海万吨级及以上泊位，内河千吨级及以上泊位 |
| | | 4 | 50 | □ | | | | |
| | | 3 | 30 | □ | | | | |
| | | 2 | 20 | □ | | | | |
| | | 1 | 10 | □ | | | | |
| | 码头结构型式$X_{16}$ | 混合型式码头、新型式码头 | 80 | □ | $R_{16}$ | $\gamma_{16}$ | $X_{16}=R_{16}\times\gamma_{16}$ | 码头 |
| | | 板桩码头 | 60 | □ | | | | |
| | | 高桩码头 | 40 | □ | | | | |
| | | 重力式码头 | 20 | □ | | | | |

（续）

| 项别 | 评估指标 | 分级 | 基本分值($R_{ij}$) | | | 权重系数($\gamma_{ij}$) | 评估分值($X_{ij}$) | 说明 |
|---|---|---|---|---|---|---|---|---|
| | | | 分值范围 | 选择 | 取值 | | | |
| 复杂程度 $X_1$ | 单堤总长度(m) $X_{17}$ | ≥4000 | 80 | □___ | $R_{17}$ | $\gamma_{17}$ | $X_{17}=R_{17}\times\gamma_{17}$ | 沿海防波堤 |
| | | ≥3000，<4000 | 60 | □___ | | | | |
| | | ≥2000，<3000 | 40 | □___ | | | | |
| | | ≥1000，<2000 | 20 | □___ | | | | |
| | | <1000 | 10 | □___ | | | | |
| | 最深处高度(m) $X_{18}$ | ≥30 | 80 | □___ | $R_{18}$ | $\gamma_{18}$ | $X_{18}=R_{18}\times\gamma_{18}$ | 沿海防波堤 |
| | | ≥20，<30 | 70 | □___ | | | | |
| | | ≥15，<20 | 50 | □___ | | | | |
| | | ≥10，<15 | 30 | □___ | | | | |
| | | <10 | 10 | □___ | | | | |
| | 大型机械设备数量(座) $X_{19}$ | ≥20 | 90 | □___ | $R_{19}$ | $\gamma_{19}$ | $X_{19}=R_{19}\times\gamma_{19}$ | 包含港口门座起重机、岸边集装箱起重机、轨道式门式起重机等 |
| | | ≥10，<20 | 80 | □___ | | | | |
| | | ≥5，<10 | 60 | □___ | | | | |
| | | ≥3，<5 | 40 | □___ | | | | |
| | | >0，<3 | 20 | □___ | | | | |
| | | 0 | 10 | □ | | | | |
| | 已运营年数(年) $X_{110}$ | ≥30 | 80 | □___ | $R_{110}$ | $\gamma_{110}$ | $X_{110}=R_{110}\times\gamma_{110}$ | |
| | | ≥20，<30 | 60 | □___ | | | | |
| | | ≥10，<20 | 40 | □___ | | | | |
| | | <10 | 20 | □___ | | | | |
| 周边环境 $X_2$ | 离岸距离(km) $X_{21}$ | ≥3 | 60 | □___ | $R_{21}$ | $\gamma_{21}$ | $X_{21}=R_{21}\times\gamma_{21}$ | 沿海<br>距离大陆岸线的最远垂直距离 |
| | | ≥2，<3 | 50 | □___ | | | | |
| | | ≥1，<2 | 30 | □___ | | | | |
| | | <1 | 10 | □___ | | | | |

（续）

<table>
<tr><th rowspan="2">项别</th><th rowspan="2">评估指标</th><th rowspan="2">分级</th><th colspan="3">基本分值($R_{ij}$)</th><th rowspan="2">权重系数($\gamma_{ij}$)</th><th rowspan="2">评估分值($X_{ij}$)</th><th rowspan="2">说明</th></tr>
<tr><th>分值范围</th><th>选择</th><th>取值</th></tr>
<tr><td rowspan="10">周边环境$X_2$</td><td rowspan="4">水域掩护条件$X_{22}$</td><td>开敞式</td><td>70</td><td>☐</td><td rowspan="4">$R_{22}$</td><td rowspan="4">$\gamma_{22}$</td><td rowspan="4">$X_{22}=R_{22}\times\gamma_{22}$</td><td rowspan="4">沿海</td></tr>
<tr><td>半开敞式</td><td>50</td><td>☐</td></tr>
<tr><td>掩护条件较好</td><td>30</td><td>☐</td></tr>
<tr><td>掩护条件好</td><td>10</td><td>☐</td></tr>
<tr><td rowspan="2">周边的环境$X_{23}$</td><td>周边有易燃易爆、有毒有害管线、储罐等</td><td>60</td><td>☐</td><td rowspan="2">$R_{23}$</td><td rowspan="2">$\gamma_{23}$</td><td rowspan="2">$X_{23}=R_{23}\times\gamma_{23}$</td><td rowspan="2">外围1000 m范围以内的区域</td></tr>
<tr><td>周边无其他影响安全的设施</td><td>20</td><td>☐</td></tr>
<tr><td rowspan="4">防台、避风锚地$X_{24}$</td><td>防台、避风锚地差，距离区域远</td><td>80</td><td>☐</td><td rowspan="4">$R_{24}$</td><td rowspan="4">$\gamma_{24}$</td><td rowspan="4">$X_{24}=R_{24}\times\gamma_{24}$</td><td rowspan="4">沿海<br>一般情况下，大于50海里为远，30～50海里为较远，10～30海里为较近，小于10海里为近</td></tr>
<tr><td>防台、避风锚地差，距离区域较远</td><td>50</td><td>☐</td></tr>
<tr><td>防台、避风锚地好，距离区域较近</td><td>30</td><td>☐</td></tr>
<tr><td>防台、避风锚地好，距离区域近</td><td>10</td><td>☐</td></tr>
<tr><td rowspan="8">自然灾害信息$X_3$</td><td rowspan="4">灾类类型数量(个)$X_{31}$</td><td>≥3</td><td>80</td><td>☐___</td><td rowspan="4">$R_{31}$</td><td rowspan="4">$\gamma_{31}$</td><td rowspan="4">$X_{31}=R_{31}\times\gamma_{31}$</td><td rowspan="4">综合指标<br>进行多个灾类评价时使用此指标</td></tr>
<tr><td>2</td><td>50</td><td>☐</td></tr>
<tr><td>1</td><td>30</td><td>☐</td></tr>
<tr><td>0</td><td>10</td><td>☐</td></tr>
<tr><td rowspan="4">灾种类型数量(个)$X_{32}$</td><td>≥3</td><td>80</td><td>☐___</td><td rowspan="4">$R_{32}$</td><td rowspan="4">$\gamma_{32}$</td><td rowspan="4">$X_{32}=R_{32}\times\gamma_{32}$</td><td rowspan="4">综合指标<br>进行单一灾类评价时使用此指标</td></tr>
<tr><td>2</td><td>50</td><td>☐</td></tr>
<tr><td>1</td><td>30</td><td>☐</td></tr>
<tr><td>0</td><td>10</td><td>☐</td></tr>
</table>

（续）

| 项别 | 评估指标 | 分级 | 基本分值（$R_{ij}$） | | | 权重系数（$\gamma_{ij}$） | 评估分值（$X_{ij}$） | 说明 |
|---|---|---|---|---|---|---|---|---|
| | | | 分值范围 | 选择 | 取值 | | | |
| 自然灾害信息 $X_3$ | 地震灾害次数（次）$X_{33}$ | ≥5 | 80 | □___ | $R_{33}$ | $\gamma_{33}$ | $X_{33}=R_{33}\times\gamma_{33}$ | 灾类 |
| | | ≥3，<5 | 60 | □___ | | | | |
| | | ≥1，<3 | 40 | □___ | | | | |
| | | 0 | 10 | □ | | | | |
| | 抗震设防烈度（度）$X_{34}$ | 9 | 80 | □ | $R_{34}$ | $\gamma_{34}$ | $X_{34}=R_{34}\times\gamma_{34}$ | 地震灾害 |
| | | 8 | 50 | □ | | | | |
| | | 7 | 30 | □ | | | | |
| | | 6 | 10 | □ | | | | |
| | 地质灾害次数（次）$X_{35}$ | ≥5 | 80 | □___ | $R_{35}$ | $\gamma_{35}$ | $X_{35}=R_{35}\times\gamma_{35}$ | 灾类 |
| | | ≥3，<5 | 60 | □___ | | | | |
| | | ≥1，<3 | 40 | □___ | | | | |
| | | 0 | 10 | □ | | | | |
| | 崩塌灾害次数（次）$X_{36}$ | ≥5 | 80 | □___ | $R_{36}$ | $\gamma_{36}$ | $X_{36}=R_{36}\times\gamma_{36}$ | 灾种 |
| | | ≥3，<5 | 60 | □___ | | | | |
| | | ≥1，<3 | 40 | □___ | | | | |
| | | 0 | 10 | □ | | | | |
| | 滑坡灾害次数（次）$X_{37}$ | ≥5 | 80 | □___ | $R_{37}$ | $\gamma_{37}$ | $X_{37}=R_{37}\times\gamma_{37}$ | 灾种 |
| | | ≥3，<5 | 60 | □___ | | | | |
| | | ≥1，<3 | 40 | □___ | | | | |
| | | 0 | 10 | □ | | | | |
| | 泥石流灾害次数（次）$X_{38}$ | ≥5 | 80 | □___ | $R_{38}$ | $\gamma_{38}$ | $X_{38}=R_{38}\times\gamma_{38}$ | 灾种 |
| | | ≥3，<5 | 60 | □___ | | | | |
| | | ≥1，<3 | 40 | □___ | | | | |
| | | 0 | 10 | □ | | | | |

（续）

| 项别 | 评估指标 | 分级 | 基本分值($R_{ij}$) | | | 权重系数($\gamma_{ij}$) | 评估分值($X_{ij}$) | 说明 |
|---|---|---|---|---|---|---|---|---|
| | | | 分值范围 | 选择 | 取值 | | | |
| 自然灾害信息$X_3$ | 海洋灾害次数(次)$X_{39}$ | ≥5 | 80 | □___ | $R_{39}$ | $\gamma_{39}$ | $X_{39}=R_{39}\times\gamma_{39}$ | 沿海灾类 |
| | | ≥3,<5 | 60 | □___ | | | | |
| | | ≥1,<3 | 40 | □___ | | | | |
| | | 0 | 10 | □ | | | | |
| | 风暴潮灾害次数(次)$X_{310}$ | ≥5 | 80 | □___ | $R_{310}$ | $\gamma_{310}$ | $X_{310}=R_{310}\times\gamma_{310}$ | 沿海灾种 |
| | | ≥3,<5 | 60 | □___ | | | | |
| | | ≥1,<3 | 40 | □___ | | | | |
| | | 0 | 10 | □ | | | | |
| | 海浪灾害次数(次)$X_{311}$ | ≥5 | 80 | □___ | $R_{311}$ | $\gamma_{311}$ | $X_{311}=R_{311}\times\gamma_{311}$ | 沿海灾种 |
| | | ≥3,<5 | 60 | □___ | | | | |
| | | ≥1,<3 | 40 | □___ | | | | |
| | | 0 | 10 | □ | | | | |
| | 海冰灾害次数(次)$X_{312}$ | ≥5 | 80 | □___ | $R_{312}$ | $\gamma_{312}$ | $X_{312}=R_{312}\times\gamma_{312}$ | 沿海灾种 |
| | | ≥3,<5 | 60 | □___ | | | | |
| | | ≥1,<3 | 40 | □___ | | | | |
| | | 0 | 10 | □ | | | | |
| | 海啸灾害次数(次)$X_{313}$ | ≥3 | 80 | □___ | $R_{313}$ | $\gamma_{313}$ | $X_{313}=R_{313}\times\gamma_{313}$ | 沿海灾种 |
| | | 2 | 60 | □ | | | | |
| | | 1 | 40 | □ | | | | |
| | | 0 | 10 | □ | | | | |
| | 浪高(m)$X_{314}$ | ≥5 | 70 | □___ | $R_{314}$ | $\gamma_{314}$ | $X_{314}=R_{314}\times\gamma_{314}$ | 沿海<br>海洋灾害<br>根据极端高水位50年一遇的波要素$H_{1\%}$划分 |
| | | ≥3.5,<5 | 50 | □___ | | | | |
| | | ≥2,<3.5 | 30 | □___ | | | | |
| | | <2 | 10 | □___ | | | | |

（续）

| 项别 | 评估指标 | 分级 | 基本分值($R_{ij}$) 分值范围 | 选择 | 取值 | 权重系数（$\gamma_{ij}$） | 评估分值（$X_{ij}$） | 说明 |
|---|---|---|---|---|---|---|---|---|
| 自然灾害信息 $X_3$ | 气象灾害次数（次）$X_{315}$ | ≥5 | 80 | ☐___ | $R_{315}$ | $\gamma_{315}$ | $X_{315}=R_{315}\times\gamma_{315}$ | 灾类 |
| | | ≥3，<5 | 60 | ☐___ | | | | |
| | | ≥1，<3 | 40 | ☐___ | | | | |
| | | 0 | 10 | ☐ | | | | |
| | 台风灾害次数（次）$X_{316}$ | ≥5 | 80 | ☐___ | $R_{316}$ | $\gamma_{316}$ | $X_{316}=R_{316}\times\gamma_{316}$ | 灾种 |
| | | ≥3，<5 | 60 | ☐___ | | | | |
| | | ≥1，<3 | 40 | ☐___ | | | | |
| | | 0 | 10 | ☐ | | | | |
| | 暴雨灾害次数（次）$X_{317}$ | ≥5 | 70 | ☐___ | $R_{317}$ | $\gamma_{317}$ | $X_{317}=R_{317}\times\gamma_{317}$ | 灾种 |
| | | ≥3，<5 | 50 | ☐___ | | | | |
| | | ≥1，<3 | 30 | ☐___ | | | | |
| | | 0 | 10 | ☐ | | | | |
| | 大风灾害次数（次）$X_{318}$ | ≥5 | 70 | ☐___ | $R_{318}$ | $\gamma_{318}$ | $X_{318}=R_{318}\times\gamma_{318}$ | 灾种 |
| | | ≥3，<5 | 50 | ☐___ | | | | |
| | | ≥1，<3 | 30 | ☐___ | | | | |
| | | 0 | 10 | ☐ | | | | |
| | 雷电灾害次数（次）$X_{319}$ | ≥5 | 70 | ☐___ | $R_{319}$ | $\gamma_{319}$ | $X_{319}=R_{319}\times\gamma_{319}$ | 灾种 |
| | | ≥3，<5 | 50 | ☐___ | | | | |
| | | ≥1，<3 | 30 | ☐___ | | | | |
| | | 0 | 10 | ☐ | | | | |
| | 水旱灾害次数（次）$X_{320}$ | ≥5 | 80 | ☐___ | $R_{320}$ | $\gamma_{320}$ | $X_{320}=R_{320}\times\gamma_{320}$ | 内河灾类 |
| | | ≥3，<5 | 60 | ☐___ | | | | |
| | | ≥1，<3 | 40 | ☐___ | | | | |
| | | 0 | 10 | ☐ | | | | |

（续）

| 项别 | 评估指标 | 分级 | 基本分值($R_{ij}$) | | | 权重系数($\gamma_{ij}$) | 评估分值($X_{ij}$) | 说明 |
|---|---|---|---|---|---|---|---|---|
| | | | 分值范围 | 选择 | 取值 | | | |
| 自然灾害信息$X_3$ | 干旱灾害次数(次)$X_{321}$ | ≥5 | 80 | □___ | $R_{321}$ | $\gamma_{321}$ | $X_{321}=R_{321}\times\gamma_{321}$ | 内河灾种 |
| | | ≥3,<5 | 60 | □___ | | | | |
| | | ≥1,<3 | 40 | □___ | | | | |
| | | 0 | 10 | □ | | | | |
| | 洪涝灾害次数(次)$X_{322}$ | ≥5 | 80 | □___ | $R_{322}$ | $\gamma_{322}$ | $X_{322}=R_{322}\times\gamma_{322}$ | 内河灾种 |
| | | ≥3,<5 | 60 | □___ | | | | |
| | | ≥1,<3 | 40 | □___ | | | | |
| | | 0 | 10 | □ | | | | |
| 结构灾害信息$X_4$ | 结构灾害次数(次)$X_{41}$ | ≥5 | 80 | □___ | $R_{41}$ | $\gamma_{41}$ | $X_{41}=R_{41}\times\gamma_{41}$ | 可从结构灾害信息表格提取 |
| | | 4 | 70 | □ | | | | |
| | | 3 | 60 | □ | | | | |
| | | 2 | 40 | □ | | | | |
| | | 1 | 30 | □ | | | | |
| | | 0 | 10 | □ | | | | |
| | 结构灾害类型数量(个)$X_{42}$ | ≥3 | 70 | □___ | $R_{42}$ | $\gamma_{42}$ | $X_{42}=R_{42}\times\gamma_{42}$ | 可从结构灾害信息表格提取 |
| | | 2 | 50 | □ | | | | |
| | | 1 | 30 | □ | | | | |
| | | 0 | 10 | □ | | | | |
| 减灾资源和能力$X_5$ | 减灾资源$X_{51}$ | 无预案要求 | 70 | □ | $R_{51}$ | $\gamma_{51}$ | $X_{51}=R_{51}\times\gamma_{51}$ | |
| | | 不满足预案要求 | 50 | □ | | | | |
| | | 基本满足预案要求 | 30 | □ | | | | |
| | | 完全满足预案要求 | 10 | □ | | | | |

（续）

| 项别 | 评估指标 | 分级 | 基本分值($R_{ij}$) 分值范围 | 选择 | 取值 | 权重系数($\gamma_{ij}$) | 评估分值($X_{ij}$) | 说明 |
|---|---|---|---|---|---|---|---|---|
| 减灾资源和能力$X_5$ | 专业救灾队伍$X_{52}$ | 无预案要求 | 70 | ☐ | $R_{52}$ | $\gamma_{52}$ | $X_{52}=R_{52}\times\gamma_{52}$ | 根据预案，专业救灾队伍可属于外部单位，有救援协议 |
| | | 不满足预案要求 | 50 | ☐ | | | | |
| | | 基本满足预案要求 | 30 | ☐ | | | | |
| | | 完全满足预案要求 | 10 | ☐ | | | | |
| 隐患信息$X_6$ | 一般隐患数量（个）$X_{61}$ | ≥30 | 80 | ☐___ | $R_{61}$ | $\gamma_{61}$ | $X_{61}=R_{61}\times\gamma_{61}$ | 因自然因素引发的一般隐患数量 |
| | | ≥10，<30 | 60 | ☐___ | | | | |
| | | ≥5，<10 | 40 | ☐___ | | | | |
| | | <5 | 20 | ☐___ | | | | |
| | 重大隐患数量（个）$X_{62}$ | ≥3 | 80 | ☐___ | $R_{62}$ | $\gamma_{62}$ | $X_{62}=R_{62}\times\gamma_{62}$ | 因自然因素引发的重大隐患数量 |
| | | ≥1，<3 | 40 | ☐___ | | | | |
| | | 0 | 20 | ☐ | | | | |
| 资料完整性$X_7$ | 应急预案$X_{71}$ | 无预案 | 70 | ☐ | $R_{71}$ | $\gamma_{71}$ | $X_{71}=R_{71}\times\gamma_{71}$ | |
| | | 有预案未评审 | 50 | ☐ | | | | |
| | | 已评审未发布 | 30 | ☐ | | | | |
| | | 已评审并发布 | 10 | ☐ | | | | |
| | 地质水文气象等资料$X_{72}$ | 资料不完整 | 60 | ☐ | $R_{72}$ | $\gamma_{72}$ | $X_{72}=R_{72}\times\gamma_{72}$ | 建设期 |
| | | 资料基本完整 | 40 | ☐ | | | | |
| | | 资料完整 | 20 | ☐ | | | | |
| | 设计文件$X_{73}$ | 资料不完整 | 60 | ☐ | $R_{73}$ | $\gamma_{73}$ | $X_{73}=R_{73}\times\gamma_{73}$ | 建设期 |
| | | 资料基本完整 | 40 | ☐ | | | | |
| | | 资料完整 | 20 | ☐ | | | | |
| | 监测设施运行情况$X_{74}$ | 无监测设施 | 60 | ☐ | $R_{74}$ | $\gamma_{74}$ | $X_{74}=R_{74}\times\gamma_{74}$ | 运营期 |
| | | 监测设施正常运行率小于60% | 40 | ☐___ | | | | |
| | | 监测设施正常运行率大于60% | 20 | ☐___ | | | | |

（续）

| 5. 整体情况 |
| --- |
| □等级Ⅳ（重大风险，红色）<br>□等级Ⅲ（较大风险，橙色）<br>□等级Ⅱ（一般风险，黄色）<br>□等级Ⅰ（较小风险，绿色） |
| 6. 其他需要说明的信息 |

注：* 为必填项，□为选择项，____为填写项。

填表单位：　　　　填表日期：　　　　年　月　日

填表人：　　　　审核人：　　　　联系电话：

# 附录五　内河航道普查表

<table>
<tr><td colspan="5">1. 基础信息</td></tr>
<tr><td>* 行政区划</td><td colspan="4">______省______市______县</td></tr>
<tr><td colspan="5">1.1 内河航道</td></tr>
<tr><td colspan="5">第______个(共______个)(□在建　□营运)</td></tr>
<tr><td>* 航道名称</td><td colspan="4"></td></tr>
<tr><td>* 内河航道关键点经纬度(不少于 3 个)</td><td colspan="4"></td></tr>
<tr><td>* 通航里程(公里)</td><td colspan="2"></td><td>建设单位</td><td></td></tr>
<tr><td>* 管养单位</td><td colspan="2"></td><td>* 航道等级</td><td>□Ⅰ级<br>□Ⅱ级<br>□Ⅲ级</td></tr>
<tr><td>* 航道类型</td><td colspan="4">①□天然航道　□人工航道<br>②□专用航道　□公用航道<br>③□常年通航航道　□季节通航航道<br>④□单行航道　□双行航道　□限制性航道<br>⑤□主航道　□副航道　□缓流航道　□短捷航道<br>⑥□其他类型(□桥区航道　□坝区航道　□内河进港航道)</td></tr>
<tr><td rowspan="2">* 航道尺寸</td><td>直线段宽度(m)</td><td></td><td>弯曲段宽度(m)</td><td></td></tr>
<tr><td>维护水深(m)</td><td></td><td>弯曲半径(m)</td><td></td></tr>
<tr><td>建成投入使用时间</td><td colspan="2"></td><td>造价(万元)</td><td></td></tr>
<tr><td colspan="5">1.2 航道整治建筑物</td></tr>
<tr><td colspan="5">第______个(共______个)(□在建　□营运)</td></tr>
<tr><td>* 航道整治建筑物关键点经纬度(不少于 3 个)</td><td colspan="4"></td></tr>
</table>

(续)

| 编号 | | * 名称 | |
|---|---|---|---|
| * 结构类型 | | 材料类型 | |
| * 长度(m) | | * 宽度或顶宽(m) | |
| * 顶高程(m) | | 护面类型 | |
| 护底类型 | | * 抗震设防标准 | □标准设防类<br>□重点设防类<br>□特殊设防类<br>□适度设防类 |
| * 抗震设防烈度(度) | □6 □7 □8 □9 | | |
| * 建成投入使用时间 | | * 造价(万元) | |
| 1.3 其他(自行补充) | | | |
| 第______个(共______个)(□在建 □营运) | | | |
| | | | |
| 2. 自然灾害信息(1978—2020年)<br>注:1978年前建成的水路承灾体从1978年开始统计,1978年及之后建成的水路承灾体自开工建设年份开始统计 | | | |
| * 自然灾害总数量(次) | | | |
| ______灾害第______次(共______次)(□在建 □营运) | | | |
| 自然灾害类型 | □地震灾害<br>□地质灾害:□崩塌灾害 □滑坡灾害 □泥石流灾害<br>□气象灾害:□台风灾害 □暴雨灾害 □大风灾害 □雷电灾害<br>□水旱灾害:□干旱灾害 □洪涝灾害 | | |
| * 经纬度 | | * 灾害位置名称 | |
| * 灾害发生时间 | | * 灾害结束时间 | |
| * 因灾死亡人口(人) | | * 因灾重伤人口(人) | |
| 因灾失踪人口(人) | | * 直接经济损失(万元) | |
| 损毁航道长度(km) | | 损毁航道整治建筑物数量(个) | |
| 其他信息 | | | |

（续）

<table>
<tr><td colspan="4">3. 结构灾害信息（1978—2020 年）<br>注：1978 年前建成的水路承灾体从 1978 年开始统计，1978 年及之后建成的水路承灾体自开工建设年份开始统计</td></tr>
<tr><td colspan="4">第______次（共______次）（□在建　□营运）</td></tr>
<tr><td>＊结构灾害类型</td><td colspan="3">□航道淤浅　□航槽移位　□洲滩冲刷　□航道阻塞<br>□人工护岸或整治建筑物稳定性变差　□其他</td></tr>
<tr><td>＊经纬度</td><td></td><td>＊灾害位置名称</td><td></td></tr>
<tr><td>＊灾害发生时间</td><td></td><td>＊灾害结束时间</td><td></td></tr>
<tr><td>＊因灾死亡人口（人）</td><td></td><td>＊因灾重伤人口（人）</td><td></td></tr>
<tr><td>＊直接经济损失（万元）</td><td></td><td>其他信息</td><td></td></tr>
</table>

<table>
<tr><td colspan="9">4. 总体风险评估指标</td></tr>
<tr><td rowspan="2">项别</td><td rowspan="2">评估指标</td><td rowspan="2">分级</td><td colspan="3">基本分值（$R_{ij}$）</td><td rowspan="2">权重系数（$\gamma_{ij}$）</td><td rowspan="2">评估分值（$X_{ij}$）</td><td rowspan="2">说明</td></tr>
<tr><td>分值范围</td><td>选择</td><td>取值</td></tr>
<tr><td rowspan="12">复杂程度 $X_1$</td><td rowspan="3">航道等级 $X_{11}$</td><td>Ⅰ级</td><td>60</td><td>□</td><td rowspan="3">$R_{11}$</td><td rowspan="3">$\gamma_{11}$</td><td rowspan="3">$X_{11}=R_{11}\times\gamma_{11}$</td><td rowspan="3">航道</td></tr>
<tr><td>Ⅱ级</td><td>40</td><td>□</td></tr>
<tr><td>Ⅲ级</td><td>20</td><td>□</td></tr>
<tr><td rowspan="5">存在浅滩情况 $X_{12}$</td><td>急滩和险滩</td><td>80</td><td>□</td><td rowspan="5">$R_{12}$</td><td rowspan="5">$\gamma_{12}$</td><td rowspan="5">$X_{12}=R_{12}\times\gamma_{12}$</td><td rowspan="5"></td></tr>
<tr><td>石质浅滩</td><td>60</td><td>□</td></tr>
<tr><td>卵石浅滩</td><td>40</td><td>□</td></tr>
<tr><td>沙质浅滩</td><td>30</td><td>□</td></tr>
<tr><td>无浅滩</td><td>10</td><td>□</td></tr>
<tr><td rowspan="4">航道线数 $X_{13}$</td><td>>3</td><td>60</td><td>□____</td><td rowspan="4">$R_{13}$</td><td rowspan="4">$\gamma_{13}$</td><td rowspan="4">$X_{13}=R_{13}\times\gamma_{13}$</td><td rowspan="4"></td></tr>
<tr><td>3</td><td>40</td><td>□</td></tr>
<tr><td>2</td><td>30</td><td>□</td></tr>
<tr><td>1</td><td>10</td><td>□</td></tr>
</table>

（续）

| 项别 | 评估指标 | 分级 | 基本分值($R_{ij}$) | | | 权重系数($\gamma_{ij}$) | 评估分值($X_{ij}$) | 说明 |
|---|---|---|---|---|---|---|---|---|
| | | | 分值范围 | 选择 | 取值 | | | |
| 周边环境 $X_2$ | 航标配置 $X_{21}$ | 不满足规范要求 | 60 | □ | $R_{21}$ | $\gamma_{21}$ | $X_{21}=R_{21}\times\gamma_{21}$ | |
| | | 满足规范要求 | 20 | □ | | | | |
| | 周边的环境 $X_{22}$ | 周边有易燃易爆、有毒有害管线、储罐等 | 60 | □ | $R_{22}$ | $\gamma_{22}$ | $X_{22}=R_{22}\times\gamma_{22}$ | 外围 1000 m 范围以内的区域 |
| | | 周边无其他影响安全的设施 | 20 | □ | | | | |
| 自然灾害信息 $X_3$ | 灾类类型数量（个）$X_{31}$ | ≥3 | 80 | □___ | $R_{31}$ | $\gamma_{31}$ | $X_{31}=R_{31}\times\gamma_{31}$ | 综合指标<br>进行多个灾类评价时使用此指标 |
| | | 2 | 50 | □ | | | | |
| | | 1 | 30 | □ | | | | |
| | | 0 | 10 | □ | | | | |
| | 灾种类型数量（个）$X_{32}$ | ≥3 | 80 | □___ | $R_{32}$ | $\gamma_{32}$ | $X_{32}=R_{32}\times\gamma_{32}$ | 综合指标<br>进行单一灾类评价时使用此指标 |
| | | 2 | 50 | □ | | | | |
| | | 1 | 30 | □ | | | | |
| | | 0 | 10 | □ | | | | |
| | 地震灾害次数（次）$X_{33}$ | ≥5 | 80 | □___ | $R_{33}$ | $\gamma_{33}$ | $X_{33}=R_{33}\times\gamma_{33}$ | 灾类 |
| | | ≥3，<5 | 60 | □___ | | | | |
| | | ≥1，<3 | 40 | □___ | | | | |
| | | 0 | 10 | □ | | | | |
| | 抗震设防烈度（度）$X_{34}$ | 9 | 80 | □ | $R_{34}$ | $\gamma_{34}$ | $X_{34}=R_{34}\times\gamma_{34}$ | 地震灾害 |
| | | 8 | 50 | □ | | | | |
| | | 7 | 30 | □ | | | | |
| | | 6 | 10 | □ | | | | |
| | 地质灾害次数（次）$X_{35}$ | ≥5 | 80 | □___ | $R_{35}$ | $\gamma_{35}$ | $X_{35}=R_{35}\times\gamma_{35}$ | 灾类 |
| | | ≥3，<5 | 60 | □___ | | | | |
| | | ≥1，<3 | 40 | □___ | | | | |
| | | 0 | 10 | □ | | | | |

（续）

| 项别 | 评估指标 | 分级 | 基本分值($R_{ij}$) 分值范围 | 选择 | 取值 | 权重系数($\gamma_{ij}$) | 评估分值($X_{ij}$) | 说明 |
|---|---|---|---|---|---|---|---|---|
| 自然灾害信息$X_3$ | 崩塌灾害次数（次）$X_{36}$ | ≥5 | 80 | □___ | $R_{36}$ | $\gamma_{36}$ | $X_{36}=R_{36}\times\gamma_{36}$ | 灾种 |
| | | ≥3,<5 | 60 | □___ | | | | |
| | | ≥1,<3 | 40 | □___ | | | | |
| | | 0 | 10 | □ | | | | |
| | 滑坡灾害次数（次）$X_{37}$ | ≥5 | 80 | □___ | $R_{37}$ | $\gamma_{37}$ | $X_{37}=R_{37}\times\gamma_{37}$ | 灾种 |
| | | ≥3,<5 | 60 | □___ | | | | |
| | | ≥1,<3 | 40 | □___ | | | | |
| | | 0 | 10 | □ | | | | |
| | 泥石流灾害次数（次）$X_{38}$ | ≥5 | 80 | □___ | $R_{38}$ | $\gamma_{38}$ | $X_{38}=R_{38}\times\gamma_{38}$ | 灾种 |
| | | ≥3,<5 | 60 | □___ | | | | |
| | | ≥1,<3 | 40 | □___ | | | | |
| | | 0 | 10 | □ | | | | |
| | 水旱灾害次数（次）$X_{39}$ | ≥5 | 80 | □___ | $R_{39}$ | $\gamma_{39}$ | $X_{39}=R_{39}\times\gamma_{39}$ | 灾类 |
| | | ≥3,<5 | 60 | □___ | | | | |
| | | ≥1,<3 | 40 | □___ | | | | |
| | | 0 | 10 | □ | | | | |
| | 干旱灾害次数（次）$X_{310}$ | ≥5 | 80 | □___ | $R_{310}$ | $\gamma_{310}$ | $X_{310}=R_{310}\times\gamma_{310}$ | 灾种 |
| | | ≥3,<5 | 60 | □___ | | | | |
| | | ≥1,<3 | 40 | □___ | | | | |
| | | 0 | 10 | □ | | | | |
| | 洪涝灾害次数（次）$X_{311}$ | ≥5 | 80 | □___ | $R_{311}$ | $\gamma_{311}$ | $X_{311}=R_{311}\times\gamma_{311}$ | 灾种 |
| | | ≥3,<5 | 60 | □___ | | | | |
| | | ≥1,<3 | 40 | □___ | | | | |
| | | 0 | 10 | □ | | | | |

（续）

| 项别 | 评估指标 | 分级 | 基本分值($R_{ij}$) | | | 权重系数($\gamma_{ij}$) | 评估分值($X_{ij}$) | 说明 |
|---|---|---|---|---|---|---|---|---|
| | | | 分值范围 | 选择 | 取值 | | | |
| 自然灾害信息$X_3$ | 气象灾害次数（次）$X_{312}$ | ≥5 | 80 | □___ | $R_{312}$ | $\gamma_{312}$ | $X_{312}=R_{312}\times\gamma_{312}$ | 灾类 |
| | | ≥3，<5 | 60 | □___ | | | | |
| | | ≥1，<3 | 40 | □___ | | | | |
| | | 0 | 10 | □ | | | | |
| | 台风灾害次数（次）$X_{313}$ | ≥5 | 80 | □___ | $R_{313}$ | $\gamma_{313}$ | $X_{313}=R_{313}\times\gamma_{313}$ | 灾种 |
| | | ≥3，<5 | 60 | □___ | | | | |
| | | ≥1，<3 | 40 | □___ | | | | |
| | | 0 | 10 | □ | | | | |
| | 暴雨灾害次数（次）$X_{314}$ | ≥5 | 70 | □___ | $R_{314}$ | $\gamma_{314}$ | $X_{314}=R_{314}\times\gamma_{314}$ | 灾种 |
| | | ≥3，<5 | 50 | □___ | | | | |
| | | ≥1，<3 | 30 | □___ | | | | |
| | | 0 | 10 | □ | | | | |
| | 大风灾害次数（次）$X_{315}$ | ≥5 | 70 | □___ | $R_{315}$ | $\gamma_{315}$ | $X_{315}=R_{315}\times\gamma_{315}$ | 灾种 |
| | | ≥3，<5 | 50 | □___ | | | | |
| | | ≥1，<3 | 30 | □___ | | | | |
| | | 0 | 10 | □ | | | | |
| | 雷电灾害次数（次）$X_{316}$ | ≥5 | 70 | □___ | $R_{316}$ | $\gamma_{316}$ | $X_{316}=R_{316}\times\gamma_{316}$ | 灾种 |
| | | ≥3，<5 | 50 | □___ | | | | |
| | | ≥1，<3 | 30 | □___ | | | | |
| | | 0 | 10 | □ | | | | |
| 结构灾害信息$X_4$ | 结构灾害次数（次）$X_{41}$ | ≥5 | 80 | □___ | $R_{41}$ | $\gamma_{41}$ | $X_{41}=R_{41}\times\gamma_{41}$ | 可从结构灾害信息表格提取 |
| | | 4 | 70 | □ | | | | |
| | | 3 | 60 | □ | | | | |
| | | 2 | 40 | □ | | | | |
| | | 1 | 30 | □ | | | | |
| | | 0 | 10 | □ | | | | |

（续）

| 项别 | 评估指标 | 分级 | 基本分值（$R_{ij}$）分值范围 | 选择 | 取值 | 权重系数（$\gamma_{ij}$） | 评估分值（$X_{ij}$） | 说明 |
|---|---|---|---|---|---|---|---|---|
| 结构灾害信息 $X_4$ | 结构灾害类型数量（个）$X_{42}$ | ≥3 | 70 | □___ | $R_{42}$ | $\gamma_{42}$ | $X_{42}=R_{42}\times\gamma_{42}$ | 可从结构灾害信息表格提取 |
| | | 2 | 50 | □ | | | | |
| | | 1 | 30 | □ | | | | |
| | | 0 | 10 | □ | | | | |
| 减灾资源和能力 $X_5$ | 减灾资源 $X_{51}$ | 无预案要求 | 70 | □ | $R_{51}$ | $\gamma_{51}$ | $X_{51}=R_{51}\times\gamma_{51}$ | |
| | | 不满足预案要求 | 50 | □ | | | | |
| | | 基本满足预案要求 | 30 | □ | | | | |
| | | 完全满足预案要求 | 10 | □ | | | | |
| | 专业救灾队伍 $X_{52}$ | 无预案要求 | 70 | □ | $R_{52}$ | $\gamma_{52}$ | $X_{52}=R_{52}\times\gamma_{52}$ | 根据预案，专业救灾队伍可属于外部单位，有救援协议 |
| | | 不满足预案要求 | 50 | □ | | | | |
| | | 基本满足预案要求 | 30 | □ | | | | |
| | | 完全满足预案要求 | 10 | □ | | | | |
| 隐患信息 $X_6$ | 一般隐患数量（个）$X_{61}$ | ≥30 | 80 | □___ | $R_{61}$ | $\gamma_{61}$ | $X_{61}=R_{61}\times\gamma_{61}$ | 因自然因素引发的一般隐患数量 |
| | | ≥10，<30 | 60 | □___ | | | | |
| | | ≥5，<10 | 40 | □___ | | | | |
| | | <5 | 20 | □___ | | | | |
| | 重大隐患数量（个）$X_{62}$ | ≥3 | 80 | □___ | $R_{62}$ | $\gamma_{62}$ | $X_{62}=R_{62}\times\gamma_{62}$ | 因自然因素引发的重大隐患数量 |
| | | ≥1，<3 | 40 | □___ | | | | |
| | | 0 | 20 | □ | | | | |

（续）

<table>
<tr><th rowspan="2">项别</th><th rowspan="2">评估指标</th><th rowspan="2">分级</th><th colspan="3">基本分值（$R_{ij}$）</th><th rowspan="2">权重系数（$\gamma_{ij}$）</th><th rowspan="2">评估分值（$X_{ij}$）</th><th rowspan="2">说明</th></tr>
<tr><th>分值范围</th><th>选择</th><th>取值</th></tr>
<tr><td rowspan="13">资料完整性 $X_7$</td><td rowspan="4">应急预案 $X_{71}$</td><td>无预案</td><td>70</td><td>□</td><td rowspan="4">$R_{71}$</td><td rowspan="4">$\gamma_{71}$</td><td rowspan="4">$X_{71}=R_{71}\times\gamma_{71}$</td><td rowspan="4"></td></tr>
<tr><td>有预案未评审</td><td>50</td><td>□</td></tr>
<tr><td>已评审未发布</td><td>30</td><td>□</td></tr>
<tr><td>已评审并发布</td><td>10</td><td>□</td></tr>
<tr><td rowspan="3">地质水文气象等资料 $X_{72}$</td><td>资料不完整</td><td>60</td><td>□</td><td rowspan="3">$R_{72}$</td><td rowspan="3">$\gamma_{72}$</td><td rowspan="3">$X_{72}=R_{72}\times\gamma_{72}$</td><td rowspan="3">建设期</td></tr>
<tr><td>资料基本完整</td><td>40</td><td>□</td></tr>
<tr><td>资料完整</td><td>20</td><td>□</td></tr>
<tr><td rowspan="3">设计文件 $X_{73}$</td><td>资料不完整</td><td>60</td><td>□</td><td rowspan="3">$R_{73}$</td><td rowspan="3">$\gamma_{73}$</td><td rowspan="3">$X_{73}=R_{73}\times\gamma_{73}$</td><td rowspan="3">建设期</td></tr>
<tr><td>资料基本完整</td><td>40</td><td>□</td></tr>
<tr><td>资料完整</td><td>20</td><td>□</td></tr>
<tr><td rowspan="3">监测设施运行情况 $X_{74}$</td><td>无监测设施</td><td>60</td><td>□</td><td rowspan="3">$R_{74}$</td><td rowspan="3">$\gamma_{74}$</td><td rowspan="3">$X_{74}=R_{74}\times\gamma_{74}$</td><td rowspan="3">运营期</td></tr>
<tr><td>监测设施正常运行率小于60%</td><td>40</td><td>□____</td></tr>
<tr><td>监测设施正常运行率大于60%</td><td>20</td><td>□____</td></tr>
<tr><td colspan="9">5. 整体情况</td></tr>
<tr><td colspan="9">□等级Ⅳ（重大风险，红色）<br>□等级Ⅲ（较大风险，橙色）<br>□等级Ⅱ（一般风险，黄色）<br>□等级Ⅰ（较小风险，绿色）</td></tr>
<tr><td colspan="9">6. 其他需要说明的信息</td></tr>
</table>

注：* 为必填项，□为选择项，______为填写项。

填表单位：　　　　填表日期：　　　　年　月　日

填表人：　　　　审核人：　　　　联系电话：

# 附录六 通航建筑物普查表

<table>
<tr><td colspan="5">1. 基础信息</td></tr>
<tr><td>*行政区划</td><td colspan="4">______省______市______县</td></tr>
<tr><td colspan="5">1.1 船闸</td></tr>
<tr><td colspan="5">第______个(共______个)(□在建 □营运)</td></tr>
<tr><td>*区域关键点经纬度<br>(不少于4个)</td><td colspan="4"></td></tr>
<tr><td>*船闸名称</td><td colspan="2"></td><td>船闸编码</td><td></td></tr>
<tr><td>*建造年代</td><td colspan="2"></td><td>*改建年代</td><td></td></tr>
<tr><td>*建设单位</td><td colspan="2"></td><td>*运行单位</td><td></td></tr>
<tr><td>*所在航道等级</td><td colspan="4">□Ⅰ级 □Ⅱ级 □Ⅲ级</td></tr>
<tr><td>水头特征</td><td colspan="4">□单向水头 □双向水头</td></tr>
<tr><td rowspan="2">*船闸特征</td><td>闸室有效尺度<br>(m×m×m)</td><td></td><td>设计水头(m)</td><td></td></tr>
<tr><td>单向通过能力<br>($10^4$t/a)</td><td></td><td>结构型式</td><td></td></tr>
<tr><td>*建筑物等级</td><td colspan="2"></td><td>*洪水标准<br>(年一遇)</td><td></td></tr>
<tr><td>*营运荷载要求(kPa)</td><td colspan="2"></td><td>*抗震设防标准</td><td>□标准设防类<br>□重点设防类<br>□特殊设防类<br>□适度设防类</td></tr>
<tr><td>*抗震设防烈度(度)</td><td colspan="4">□6 □7 □8 □9</td></tr>
<tr><td>*建成投入使用时间</td><td colspan="2"></td><td>*造价(万元)</td><td></td></tr>
<tr><td colspan="5">1.2 升船机</td></tr>
<tr><td colspan="5">第______个(共______个)(□在建 □营运)</td></tr>
</table>

（续）

<table>
<tr><td>＊区域关键点经纬度（不少于4个）</td><td colspan="4"></td></tr>
<tr><td>＊升船机名称</td><td colspan="2"></td><td>升船机编码</td><td></td></tr>
<tr><td>＊上闸首经纬度</td><td colspan="2"></td><td>＊下闸首经纬度</td><td></td></tr>
<tr><td>＊建设单位</td><td colspan="2"></td><td>＊运行单位</td><td></td></tr>
<tr><td>＊所在航道等级</td><td colspan="4">□Ⅰ级　□Ⅱ级　□Ⅲ级</td></tr>
<tr><td rowspan="2">＊升船机特征</td><td>承船厢有效尺度（m×m×m）</td><td></td><td>设计水头（m）</td><td></td></tr>
<tr><td>单向通过能力（$10^4$t/a）</td><td></td><td>升船机型式</td><td></td></tr>
<tr><td>＊建筑物等级</td><td colspan="2"></td><td>＊洪水标准（年一遇）</td><td></td></tr>
<tr><td>＊营运荷载要求（kPa）</td><td colspan="2"></td><td>＊抗震设防标准</td><td>□标准设防类<br>□重点设防类<br>□特殊设防类<br>□适度设防类</td></tr>
<tr><td>＊抗震设防烈度（度）</td><td colspan="4">□6　□7　□8　□9</td></tr>
<tr><td>＊建成投入使用时间</td><td colspan="2"></td><td>＊造价（万元）</td><td></td></tr>
<tr><td colspan="5">1.3 其他（自行补充）</td></tr>
<tr><td colspan="5">第______个（共______个）（□在建　□营运）</td></tr>
<tr><td></td><td colspan="2"></td><td></td><td></td></tr>
<tr><td colspan="5">2. 自然灾害信息（1978—2020年）<br>注：1978年前建成的水路承灾体从1978年开始统计，1978年及之后建成的水路承灾体自开工建设年份开始统计</td></tr>
<tr><td colspan="3">＊自然灾害总数量（次）</td><td colspan="2"></td></tr>
<tr><td colspan="5">______灾害第______次（共______次）（□在建　□营运）</td></tr>
<tr><td>自然灾害类型</td><td colspan="4">□地震灾害<br>□地质灾害：□崩塌灾害　□滑坡灾害　□泥石流灾害<br>□气象灾害：□台风灾害　□暴雨灾害　□大风灾害　□雷电灾害<br>□水旱灾害：□干旱灾害　□洪涝灾害</td></tr>
<tr><td>＊经纬度</td><td colspan="2"></td><td>＊灾害位置名称</td><td></td></tr>
</table>

（续）

| | | | |
|---|---|---|---|
| ＊灾害发生时间 | | ＊灾害结束时间 | |
| ＊因灾死亡人口（人） | | ＊因灾重伤人口（人） | |
| 因灾失踪人口（人） | | ＊直接经济损失（万元） | |
| 损毁船闸数量（个） | | 损毁升船机数量（个） | |
| 其他信息 | | | |

3. 结构灾害信息（1978—2020 年）
注：1978 年前建成的水路承灾体从 1978 年开始统计，1978 年及之后建成的水路承灾体自开工建设年份开始统计

第______次（共______次）（□在建 □营运）

| | | | |
|---|---|---|---|
| ＊结构灾害类型 | □溃坝 □沉降变形 □船闸或升船机机械结构灾害（锈蚀、老化、变形） □其他 | | |
| ＊经纬度 | | ＊灾害位置名称 | |
| ＊灾害发生时间 | | ＊灾害结束时间 | |
| ＊因灾死亡人口（人） | | ＊因灾重伤人口（人） | |
| ＊直接经济损失（万元） | | 其他信息 | |

4. 总体风险评估指标

| 项别 | 评估指标 | 分级 | 基本分值（$R_{ij}$）分值范围 | 选择 | 取值 | 权重系数（$\gamma_{ij}$） | 评估分值（$X_{ij}$） | 说明 |
|---|---|---|---|---|---|---|---|---|
| 复杂程度 $X_1$ | 航道等级 $X_{11}$ | Ⅰ级 | 60 | □ | $R_{11}$ | $\gamma_{11}$ | $X_{11}=R_{11}\times\gamma_{11}$ | 航道 |
| | | Ⅱ级 | 40 | □ | | | | |
| | | Ⅲ级 | 20 | □ | | | | |
| | 水头（m）$X_{12}$ | $>15$ | 70 | □___ | $R_{12}$ | $\gamma_{12}$ | $X_{12}=R_{12}\times\gamma_{12}$ | 水头指设计水位组合中，上游和下游的最大水位差 |
| | | $\geqslant10,<15$ | 50 | □___ | | | | |
| | | $\geqslant5,<10$ | 30 | □___ | | | | |
| | | $<5$ | 10 | □___ | | | | |

（续）

<table>
<tr><th rowspan="2">项别</th><th rowspan="2">评估指标</th><th rowspan="2">分级</th><th colspan="3">基本分值($R_{ij}$)</th><th rowspan="2">权重系数($\gamma_{ij}$)</th><th rowspan="2">评估分值($X_{ij}$)</th><th rowspan="2">说明</th></tr>
<tr><th>分值范围</th><th>选择</th><th>取值</th></tr>
<tr><td rowspan="4">复杂程度$X_1$</td><td rowspan="4">已运营年数(年)$X_{13}$</td><td>≥30</td><td>80</td><td>□___</td><td rowspan="4">$R_{13}$</td><td rowspan="4">$\gamma_{13}$</td><td rowspan="4">$X_{13}=R_{13}\times\gamma_{13}$</td><td rowspan="4"></td></tr>
<tr><td>≥20,<30</td><td>60</td><td>□___</td></tr>
<tr><td>≥10,<20</td><td>40</td><td>□___</td></tr>
<tr><td><10</td><td>20</td><td>□___</td></tr>
<tr><td rowspan="5">周边环境$X_2$</td><td rowspan="3">建筑物失事后对下游企业和城乡居民的生活和生产造成的损失(万元)$X_{21}$</td><td>大</td><td>80</td><td>□___</td><td rowspan="3">$R_{21}$</td><td rowspan="3">$\gamma_{21}$</td><td rowspan="3">$X_{21}=R_{21}\times\gamma_{21}$</td><td rowspan="3">直接经济损失估计值</td></tr>
<tr><td>中</td><td>60</td><td>□___</td></tr>
<tr><td>小</td><td>20</td><td>□___</td></tr>
<tr><td rowspan="2">周边的环境$X_{22}$</td><td>周边有易燃易爆、有毒有害管线、储罐等</td><td>60</td><td>□</td><td rowspan="2">$R_{22}$</td><td rowspan="2">$\gamma_{22}$</td><td rowspan="2">$X_{22}=R_{22}\times\gamma_{22}$</td><td rowspan="2">外围1000 m范围以内的区域</td></tr>
<tr><td>周边无其他影响安全的设施</td><td>20</td><td>□</td></tr>
<tr><td rowspan="8">自然灾害信息$X_3$</td><td rowspan="4">灾类类型数量(个)$X_{31}$</td><td>≥3</td><td>80</td><td>□___</td><td rowspan="4">$R_{31}$</td><td rowspan="4">$\gamma_{31}$</td><td rowspan="4">$X_{31}=R_{31}\times\gamma_{31}$</td><td rowspan="4">综合指标<br>进行多个灾类评价时使用此指标</td></tr>
<tr><td>2</td><td>50</td><td>□</td></tr>
<tr><td>1</td><td>30</td><td>□</td></tr>
<tr><td>0</td><td>10</td><td>□</td></tr>
<tr><td rowspan="4">灾种类型数量(个)$X_{32}$</td><td>≥3</td><td>80</td><td>□___</td><td rowspan="4">$R_{32}$</td><td rowspan="4">$\gamma_{32}$</td><td rowspan="4">$X_{32}=R_{32}\times\gamma_{32}$</td><td rowspan="4">综合指标<br>进行单一灾类评价时使用此指标</td></tr>
<tr><td>2</td><td>50</td><td>□</td></tr>
<tr><td>1</td><td>30</td><td>□</td></tr>
<tr><td>0</td><td>10</td><td>□</td></tr>
</table>

（续）

| 项别 | 评估指标 | 分级 | 基本分值($R_{ij}$) | | | 权重系数($\gamma_{ij}$) | 评估分值($X_{ij}$) | 说明 |
|---|---|---|---|---|---|---|---|---|
| | | | 分值范围 | 选择 | 取值 | | | |
| 自然灾害信息$X_3$ | 地震灾害次数(次)$X_{33}$ | ≥5 | 80 | □___ | $R_{33}$ | $\gamma_{33}$ | $X_{33}=R_{33}\times\gamma_{33}$ | 灾类 |
| | | ≥3,<5 | 60 | □___ | | | | |
| | | ≥1,<3 | 40 | □___ | | | | |
| | | 0 | 10 | □ | | | | |
| | 抗震设防烈度(度)$X_{34}$ | 9 | 80 | □ | $R_{34}$ | $\gamma_{34}$ | $X_{34}=R_{34}\times\gamma_{34}$ | 地震灾害 |
| | | 8 | 50 | □ | | | | |
| | | 7 | 30 | □ | | | | |
| | | 6 | 10 | □ | | | | |
| | 地质灾害次数(次)$X_{35}$ | ≥5 | 80 | □___ | $R_{35}$ | $\gamma_{35}$ | $X_{35}=R_{35}\times\gamma_{35}$ | 灾类 |
| | | ≥3,<5 | 60 | □___ | | | | |
| | | ≥1,<3 | 40 | □___ | | | | |
| | | 0 | 10 | □ | | | | |
| | 崩塌灾害次数(次)$X_{36}$ | ≥5 | 80 | □___ | $R_{36}$ | $\gamma_{36}$ | $X_{36}=R_{36}\times\gamma_{36}$ | 灾种 |
| | | ≥3,<5 | 60 | □___ | | | | |
| | | ≥1,<3 | 40 | □___ | | | | |
| | | 0 | 10 | □ | | | | |
| | 滑坡灾害次数(次)$X_{37}$ | ≥5 | 80 | □___ | $R_{37}$ | $\gamma_{37}$ | $X_{37}=R_{37}\times\gamma_{37}$ | 灾种 |
| | | ≥3,<5 | 60 | □___ | | | | |
| | | ≥1,<3 | 40 | □___ | | | | |
| | | 0 | 10 | □ | | | | |
| | 泥石流灾害次数(次)$X_{38}$ | ≥5 | 80 | □___ | $R_{38}$ | $\gamma_{38}$ | $X_{38}=R_{38}\times\gamma_{38}$ | 灾种 |
| | | ≥3,<5 | 60 | □___ | | | | |
| | | ≥1,<3 | 40 | □___ | | | | |
| | | 0 | 10 | □ | | | | |

（续）

| 项别 | 评估指标 | 分级 | 基本分值($R_{ij}$) 分值范围 | 选择 | 取值 | 权重系数($\gamma_{ij}$) | 评估分值($X_{ij}$) | 说明 |
|---|---|---|---|---|---|---|---|---|
| 自然灾害信息$X_3$ | 水旱灾害次数$X_{39}$ | ≥5 | 80 | □___ | $R_{39}$ | $\gamma_{39}$ | $X_{39}=R_{39}\times\gamma_{39}$ | 灾类 |
| | | ≥3,<5 | 60 | □___ | | | | |
| | | ≥1,<3 | 40 | □___ | | | | |
| | | 0 | 10 | □ | | | | |
| | 干旱灾害次数(次)$X_{310}$ | ≥5 | 80 | □___ | $R_{310}$ | $\gamma_{310}$ | $X_{310}=R_{310}\times\gamma_{310}$ | 灾种 |
| | | ≥3,<5 | 60 | □___ | | | | |
| | | ≥1,<3 | 40 | □___ | | | | |
| | | 0 | 10 | □ | | | | |
| | 洪涝灾害次数(次)$X_{311}$ | ≥5 | 80 | □___ | $R_{311}$ | $\gamma_{311}$ | $X_{311}=R_{311}\times\gamma_{311}$ | 灾种 |
| | | ≥3,<5 | 60 | □___ | | | | |
| | | ≥1,<3 | 40 | □___ | | | | |
| | | 0 | 10 | □ | | | | |
| | 气象灾害次数(次)$X_{312}$ | ≥5 | 80 | □___ | $R_{312}$ | $\gamma_{312}$ | $X_{312}=R_{312}\times\gamma_{312}$ | 灾类 |
| | | ≥3,<5 | 60 | □___ | | | | |
| | | ≥1,<3 | 40 | □___ | | | | |
| | | 0 | 10 | □ | | | | |
| | 台风灾害次数(次)$X_{313}$ | ≥5 | 80 | □___ | $R_{313}$ | $\gamma_{313}$ | $X_{313}=R_{313}\times\gamma_{313}$ | 灾种 |
| | | ≥3,<5 | 60 | □___ | | | | |
| | | ≥1,<3 | 40 | □___ | | | | |
| | | 0 | 10 | □ | | | | |
| | 暴雨灾害次数(次)$X_{314}$ | ≥5 | 70 | □___ | $R_{314}$ | $\gamma_{314}$ | $X_{314}=R_{314}\times\gamma_{314}$ | 灾种 |
| | | ≥3,<5 | 50 | □___ | | | | |
| | | ≥1,<3 | 30 | □___ | | | | |
| | | 0 | 10 | □ | | | | |

（续）

| 项别 | 评估指标 | 分级 | 基本分值($R_{ij}$) | | | 权重系数($\gamma_{ij}$) | 评估分值($X_{ij}$) | 说明 |
|---|---|---|---|---|---|---|---|---|
| | | | 分值范围 | 选择 | 取值 | | | |
| 自然灾害信息 $X_3$ | 大风灾害次数（次）$X_{315}$ | ≥5 | 70 | □___ | $R_{315}$ | $\gamma_{315}$ | $X_{315}=R_{315}\times\gamma_{315}$ | 灾种 |
| | | ≥3,<5 | 50 | □___ | | | | |
| | | ≥1,<3 | 30 | □___ | | | | |
| | | 0 | 10 | □ | | | | |
| | 雷电灾害次数（次）$X_{316}$ | ≥5 | 70 | □___ | $R_{316}$ | $\gamma_{316}$ | $X_{316}=R_{316}\times\gamma_{316}$ | 灾种 |
| | | ≥3,<5 | 50 | □___ | | | | |
| | | ≥1,<3 | 30 | □___ | | | | |
| | | 0 | 10 | □ | | | | |
| 结构灾害信息 $X_4$ | 结构灾害次数（次）$X_{41}$ | ≥5 | 80 | □___ | $R_{41}$ | $\gamma_{41}$ | $X_{41}=R_{41}\times\gamma_{41}$ | 可从结构灾害信息表格提取 |
| | | 4 | 70 | □ | | | | |
| | | 3 | 60 | □ | | | | |
| | | 2 | 40 | □ | | | | |
| | | 1 | 30 | □ | | | | |
| | | 0 | 10 | □ | | | | |
| | 结构灾害类型数量（个）$X_{42}$ | ≥3 | 70 | □___ | $R_{42}$ | $\gamma_{42}$ | $X_{42}=R_{42}\times\gamma_{42}$ | 可从结构灾害信息表格提取 |
| | | 2 | 50 | □ | | | | |
| | | 1 | 30 | □ | | | | |
| | | 0 | 10 | □ | | | | |
| 减灾资源和能力 $X_5$ | 减灾资源 $X_{51}$ | 无预案要求 | 70 | □ | $R_{51}$ | $\gamma_{51}$ | $X_{51}=R_{51}\times\gamma_{51}$ | |
| | | 不满足预案要求 | 50 | □ | | | | |
| | | 基本满足预案要求 | 30 | □ | | | | |
| | | 完全满足预案要求 | 10 | □ | | | | |

（续）

| 项别 | 评估指标 | 分级 | 基本分值($R_{ij}$) 分值范围 | 选择 | 取值 | 权重系数($\gamma_{ij}$) | 评估分值($X_{ij}$) | 说明 |
|---|---|---|---|---|---|---|---|---|
| 减灾资源和能力$X_5$ | 专业救灾队伍$X_{52}$ | 无预案要求 | 70 | □ | $R_{52}$ | $\gamma_{52}$ | $X_{52}=R_{52}\times\gamma_{52}$ | 根据预案，专业救灾队伍可属于外部单位，有救援协议 |
| | | 不满足预案要求 | 50 | □ | | | | |
| | | 基本满足预案要求 | 30 | □ | | | | |
| | | 完全满足预案要求 | 10 | □ | | | | |
| 隐患信息$X_6$ | 一般隐患数量（个）$X_{61}$ | ≥30 | 80 | □___ | $R_{61}$ | $\gamma_{61}$ | $X_{61}=R_{61}\times\gamma_{61}$ | 因自然因素引发的一般隐患数量 |
| | | ≥10，<30 | 60 | □___ | | | | |
| | | ≥5，<10 | 40 | □___ | | | | |
| | | <5 | 20 | □___ | | | | |
| | 重大隐患数量（个）$X_{62}$ | ≥3 | 80 | □___ | $R_{62}$ | $\gamma_{62}$ | $X_{62}=R_{62}\times\gamma_{62}$ | 因自然因素引发的重大隐患数量 |
| | | ≥1，<3 | 40 | □___ | | | | |
| | | 0 | 20 | □ | | | | |
| 资料完整性$X_7$ | 应急预案$X_{71}$ | 无预案 | 70 | □ | $R_{71}$ | $\gamma_{71}$ | $X_{71}=R_{71}\times\gamma_{71}$ | |
| | | 有预案未评审 | 50 | □ | | | | |
| | | 已评审未发布 | 30 | □ | | | | |
| | | 已评审并发布 | 10 | □ | | | | |
| | 地质水文气象等资料$X_{72}$ | 资料不完整 | 60 | □ | $R_{72}$ | $\gamma_{72}$ | $X_{72}=R_{72}\times\gamma_{72}$ | 建设期 |
| | | 资料基本完整 | 40 | □ | | | | |
| | | 资料完整 | 20 | □ | | | | |
| | 设计文件$X_{73}$ | 资料不完整 | 60 | □ | $R_{73}$ | $\gamma_{73}$ | $X_{73}=R_{73}\times\gamma_{73}$ | 建设期 |
| | | 资料基本完整 | 40 | □ | | | | |
| | | 资料完整 | 20 | □ | | | | |

（续）

<table>
<tr><th rowspan="2">项别</th><th rowspan="2">评估指标</th><th rowspan="2">分级</th><th colspan="3">基本分值($R_{ij}$)</th><th rowspan="2">权重系数($\gamma_{ij}$)</th><th rowspan="2">评估分值($X_{ij}$)</th><th rowspan="2">说明</th></tr>
<tr><th>分值范围</th><th>选择</th><th>取值</th></tr>
<tr><td rowspan="3">资料完整性 $X_7$</td><td rowspan="3">监测设施运行情况 $X_{74}$</td><td>无监测设施</td><td>60</td><td>□</td><td rowspan="3">$R_{74}$</td><td rowspan="3">$\gamma_{74}$</td><td rowspan="3">$X_{74}=R_{74}\times\gamma_{74}$</td><td rowspan="3">运营期</td></tr>
<tr><td>监测设施正常运行率小于60%</td><td>40</td><td>□___</td></tr>
<tr><td>监测设施正常运行率大于60%</td><td>20</td><td>□___</td></tr>
<tr><td colspan="9">5. 整体情况</td></tr>
<tr><td colspan="9">□等级Ⅳ(重大风险,红色)<br>□等级Ⅲ(较大风险,橙色)<br>□等级Ⅱ(一般风险,黄色)<br>□等级Ⅰ(较小风险,绿色)</td></tr>
<tr><td colspan="9">6. 其他需要说明的信息<br><br><br></td></tr>
</table>

注：* 为必填项,□为选择项,______为填写项。

填表单位：　　　　填表日期：　　　　年　月　日

填表人：　　　　审核人：　　　　联系电话：

# 附录七　航运枢纽普查表

<table>
<tr><td colspan="5">1. 基础信息</td></tr>
<tr><td>*行政区划</td><td colspan="4">______省______市______县</td></tr>
<tr><td colspan="5">1.1 航运枢纽</td></tr>
<tr><td colspan="5">第______个(共______个)(□在建　□营运)</td></tr>
<tr><td>*区域关键点经纬度(不少于 4 个)</td><td colspan="4"></td></tr>
<tr><td>*枢纽名称</td><td colspan="2"></td><td>枢纽编码</td><td></td></tr>
<tr><td>左岸起点经纬度</td><td colspan="2"></td><td>右岸终点经纬度</td><td></td></tr>
<tr><td>*建设单位</td><td colspan="2"></td><td>*运行单位</td><td></td></tr>
<tr><td>*所在航道等级</td><td colspan="4">□Ⅰ级　□Ⅱ级　□Ⅲ级</td></tr>
<tr><td>*工程规模</td><td colspan="4">□大型　□中型　□小型</td></tr>
<tr><td rowspan="4">*枢纽特征</td><td>总库容($10^8m^3$)</td><td></td><td>设计水头(m)</td><td></td></tr>
<tr><td>单向通过能力($10^4t/a$)</td><td></td><td>装机容量(MW)</td><td></td></tr>
<tr><td>保护人口(万人)</td><td></td><td>保护农田(万亩)</td><td></td></tr>
<tr><td>灌溉面积(万亩)</td><td></td><td>治涝面积(万亩)</td><td></td></tr>
<tr><td>*建筑物等级</td><td colspan="2"></td><td>*洪水标准(年一遇)</td><td></td></tr>
<tr><td>*营运荷载要求(kPa)</td><td colspan="2"></td><td>*抗震设防标准</td><td>□标准设防类<br>□重点设防类<br>□特殊设防类<br>□适度设防类</td></tr>
<tr><td>*抗震设防烈度(度)</td><td colspan="4">□6　□7　□8　□9</td></tr>
</table>

（续）

<table>
<tr><td>* 安全鉴定时间</td><td></td><td>* 安全鉴定结果</td><td>□一类坝<br>□二类坝<br>□三类坝</td></tr>
<tr><td>* 建成投入使用时间</td><td></td><td>* 造价（万元）</td><td></td></tr>
<tr><td colspan="4">1.2 其他（自行补充）</td></tr>
<tr><td colspan="4">第______个（共______个）（□在建　□营运）</td></tr>
<tr><td></td><td></td><td></td><td></td></tr>
<tr><td colspan="4">2. 自然灾害信息（1978—2020 年）<br>注：1978 年前建成的水路承灾体从 1978 年开始统计，1978 年及之后建成的水路承灾体自开工建设年份开始统计</td></tr>
<tr><td colspan="2">* 自然灾害总数量（次）</td><td colspan="2"></td></tr>
<tr><td colspan="4">______灾害第______次（共______次）（□在建　□营运）</td></tr>
<tr><td>自然灾害类型</td><td colspan="3">□地震灾害<br>□地质灾害：□崩塌灾害　□滑坡灾害　□泥石流灾害<br>□气象灾害：□台风灾害　□暴雨灾害　□大风灾害　□雷电灾害<br>□水旱灾害：□干旱灾害　□洪涝灾害</td></tr>
<tr><td>* 经纬度</td><td></td><td>* 灾害位置名称</td><td></td></tr>
<tr><td>* 灾害发生时间</td><td></td><td>* 灾害结束时间</td><td></td></tr>
<tr><td>* 因灾死亡人口（人）</td><td></td><td>* 因灾重伤人口（人）</td><td></td></tr>
<tr><td>因灾失踪人口（人）</td><td></td><td>* 直接经济损失（万元）</td><td></td></tr>
<tr><td>损毁航运枢纽数量（个）</td><td></td><td>其他信息</td><td></td></tr>
<tr><td colspan="4">3. 结构灾害信息（1978—2020 年）<br>注：1978 年前建成的水路承灾体从 1978 年开始统计，1978 年及之后建成的水路承灾体自开工建设年份开始统计</td></tr>
<tr><td colspan="4">第______次（共______次）（□在建　□营运）</td></tr>
<tr><td>* 结构灾害类型</td><td colspan="3">□地基滑坡　□沉降变形　□其他</td></tr>
<tr><td>* 经纬度</td><td></td><td>* 灾害位置名称</td><td></td></tr>
<tr><td>* 灾害发生时间</td><td></td><td>* 灾害结束时间</td><td></td></tr>
</table>

（续）

<table>
<tr><td colspan="3">＊因灾死亡人口(人)</td><td colspan="3"></td><td colspan="2">＊因灾重伤人口(人)</td><td></td></tr>
<tr><td colspan="3">＊直接经济损失(万元)</td><td colspan="3"></td><td colspan="2">其他信息</td><td></td></tr>
<tr><td colspan="9">4. 总体风险评估指标</td></tr>
<tr><td rowspan="2">项别</td><td rowspan="2">评估指标</td><td rowspan="2">分级</td><td colspan="3">基本分值($R_{ij}$)</td><td rowspan="2">权重系数($\gamma_{ij}$)</td><td rowspan="2">评估分值($X_{ij}$)</td><td rowspan="2">说明</td></tr>
<tr><td>分值范围</td><td>选择</td><td>取值</td></tr>
<tr><td rowspan="10">复杂程度$X_1$</td><td rowspan="3">航道等级$X_{11}$</td><td>Ⅰ级</td><td>60</td><td>□</td><td rowspan="3">$R_{11}$</td><td rowspan="3">$\gamma_{11}$</td><td rowspan="3">$X_{11}=R_{11}\times\gamma_{11}$</td><td rowspan="3">航道</td></tr>
<tr><td>Ⅱ级</td><td>40</td><td>□</td></tr>
<tr><td>Ⅲ级</td><td>20</td><td>□</td></tr>
<tr><td rowspan="3">水电站装机容量(MW)$X_{12}$</td><td>≥1200</td><td>60</td><td>□___</td><td rowspan="3">$R_{12}$</td><td rowspan="3">$\gamma_{12}$</td><td rowspan="3">$X_{12}=R_{12}\times\gamma_{12}$</td><td rowspan="3"></td></tr>
<tr><td>≥300，<1200</td><td>40</td><td>□___</td></tr>
<tr><td><300</td><td>20</td><td>□___</td></tr>
<tr><td rowspan="4">已运营年数(年)$X_{13}$</td><td>≥30</td><td>90</td><td>□___</td><td rowspan="4">$R_{13}$</td><td rowspan="4">$\gamma_{13}$</td><td rowspan="4">$X_{13}=R_{13}\times\gamma_{13}$</td><td rowspan="4"></td></tr>
<tr><td>≥20，<30</td><td>60</td><td>□___</td></tr>
<tr><td>≥10，<20</td><td>40</td><td>□___</td></tr>
<tr><td><10</td><td>20</td><td>□___</td></tr>
<tr><td rowspan="5">周边环境$X_2$</td><td rowspan="3">保护城镇及工矿企业的重要性$X_{21}$</td><td>特别重要</td><td>60</td><td>□</td><td rowspan="3">$R_{21}$</td><td rowspan="3">$\gamma_{21}$</td><td rowspan="3">$X_{21}=R_{21}\times\gamma_{21}$</td><td rowspan="3"></td></tr>
<tr><td>重要</td><td>40</td><td>□</td></tr>
<tr><td>其他</td><td>20</td><td>□</td></tr>
<tr><td rowspan="2">周边的环境$X_{22}$</td><td>周边有易燃易爆、有毒有害管线、储罐等</td><td>60</td><td>□</td><td rowspan="2">$R_{22}$</td><td rowspan="2">$\gamma_{22}$</td><td rowspan="2">$X_{22}=R_{22}\times\gamma_{22}$</td><td rowspan="2">外围1000 m范围以内的区域</td></tr>
<tr><td>周边无其他影响安全的设施</td><td>20</td><td>□</td></tr>
<tr><td rowspan="4">自然灾害信息$X_3$</td><td rowspan="4">灾类类型数量(个)$X_{31}$</td><td>≥3</td><td>80</td><td>□___</td><td rowspan="4">$R_{31}$</td><td rowspan="4">$\gamma_{31}$</td><td rowspan="4">$X_{31}=R_{31}\times\gamma_{31}$</td><td rowspan="4">综合指标<br>进行多个灾类评价时使用此指标</td></tr>
<tr><td>2</td><td>50</td><td>□</td></tr>
<tr><td>1</td><td>30</td><td>□</td></tr>
<tr><td>0</td><td>10</td><td>□</td></tr>
</table>

（续）

| 项别 | 评估指标 | 分级 | 基本分值（$R_{ij}$） 分值范围 | 选择 | 取值 | 权重系数（$\gamma_{ij}$） | 评估分值（$X_{ij}$） | 说明 |
|---|---|---|---|---|---|---|---|---|
| 自然灾害信息 $X_3$ | 灾种类型数量（个）$X_{32}$ | ≥3 | 80 | □___ | $R_{32}$ | $\gamma_{32}$ | $X_{32}=R_{32}\times\gamma_{32}$ | 综合指标<br>进行单一灾类评价时使用此指标 |
| | | 2 | 50 | □ | | | | |
| | | 1 | 30 | □ | | | | |
| | | 0 | 10 | □ | | | | |
| | 地震灾害次数（次）$X_{33}$ | ≥5 | 80 | □___ | $R_{33}$ | $\gamma_{33}$ | $X_{33}=R_{33}\times\gamma_{33}$ | 灾类 |
| | | ≥3，<5 | 60 | □___ | | | | |
| | | ≥1，<3 | 40 | □___ | | | | |
| | | 0 | 10 | □ | | | | |
| | 抗震设防烈度（度）$X_{34}$ | 9 | 80 | □ | $R_{34}$ | $\gamma_{34}$ | $X_{34}=R_{34}\times\gamma_{34}$ | 地震灾害 |
| | | 8 | 50 | □ | | | | |
| | | 7 | 30 | □ | | | | |
| | | 6 | 10 | □ | | | | |
| | 地质灾害次数（次）$X_{35}$ | ≥5 | 80 | □___ | $R_{35}$ | $\gamma_{35}$ | $X_{35}=R_{35}\times\gamma_{35}$ | 灾类 |
| | | ≥3，<5 | 60 | □___ | | | | |
| | | ≥1，<3 | 40 | □___ | | | | |
| | | 0 | 10 | □ | | | | |
| | 崩塌灾害次数（次）$X_{36}$ | ≥5 | 80 | □___ | $R_{36}$ | $\gamma_{36}$ | $X_{36}=R_{36}\times\gamma_{36}$ | 灾种 |
| | | ≥3，<5 | 60 | □___ | | | | |
| | | ≥1，<3 | 40 | □___ | | | | |
| | | 0 | 10 | □ | | | | |
| | 滑坡灾害次数（次）$X_{37}$ | ≥5 | 80 | □___ | $R_{37}$ | $\gamma_{37}$ | $X_{37}=R_{37}\times\gamma_{37}$ | 灾种 |
| | | ≥3，<5 | 60 | □___ | | | | |
| | | ≥1，<3 | 40 | □___ | | | | |
| | | 0 | 10 | □ | | | | |

（续）

<table>
<tr><th rowspan="2">项别</th><th rowspan="2">评估指标</th><th rowspan="2">分级</th><th colspan="3">基本分值($R_{ij}$)</th><th rowspan="2">权重系数($\gamma_{ij}$)</th><th rowspan="2">评估分值($X_{ij}$)</th><th rowspan="2">说明</th></tr>
<tr><th>分值范围</th><th>选择</th><th>取值</th></tr>
<tr><td rowspan="24">自然灾害信息$X_3$</td><td rowspan="4">泥石流灾害次数(次)$X_{38}$</td><td>≥5</td><td>80</td><td>□___</td><td rowspan="4">$R_{38}$</td><td rowspan="4">$\gamma_{38}$</td><td rowspan="4">$X_{38}=R_{38}\times\gamma_{38}$</td><td rowspan="4">灾种</td></tr>
<tr><td>≥3,<5</td><td>60</td><td>□___</td></tr>
<tr><td>≥1,<3</td><td>40</td><td>□___</td></tr>
<tr><td>0</td><td>10</td><td>□</td></tr>
<tr><td rowspan="4">水旱灾害次数$X_{39}$</td><td>≥5</td><td>80</td><td>□___</td><td rowspan="4">$R_{39}$</td><td rowspan="4">$\gamma_{39}$</td><td rowspan="4">$X_{39}=R_{39}\times\gamma_{39}$</td><td rowspan="4">灾类</td></tr>
<tr><td>≥3,<5</td><td>60</td><td>□___</td></tr>
<tr><td>≥1,<3</td><td>40</td><td>□___</td></tr>
<tr><td>0</td><td>10</td><td>□</td></tr>
<tr><td rowspan="4">干旱灾害次数(次)$X_{310}$</td><td>≥5</td><td>80</td><td>□___</td><td rowspan="4">$R_{310}$</td><td rowspan="4">$\gamma_{310}$</td><td rowspan="4">$X_{310}=R_{310}\times\gamma_{310}$</td><td rowspan="4">灾种</td></tr>
<tr><td>≥3,<5</td><td>60</td><td>□___</td></tr>
<tr><td>≥1,<3</td><td>40</td><td>□___</td></tr>
<tr><td>0</td><td>10</td><td>□</td></tr>
<tr><td rowspan="4">洪涝灾害次数(次)$X_{311}$</td><td>≥5</td><td>80</td><td>□___</td><td rowspan="4">$R_{311}$</td><td rowspan="4">$\gamma_{311}$</td><td rowspan="4">$X_{311}=R_{311}\times\gamma_{311}$</td><td rowspan="4">灾种</td></tr>
<tr><td>≥3,<5</td><td>60</td><td>□___</td></tr>
<tr><td>≥1,<3</td><td>40</td><td>□___</td></tr>
<tr><td>0</td><td>10</td><td>□</td></tr>
<tr><td rowspan="4">气象灾害次数(次)$X_{312}$</td><td>≥5</td><td>80</td><td>□___</td><td rowspan="4">$R_{312}$</td><td rowspan="4">$\gamma_{312}$</td><td rowspan="4">$X_{312}=R_{312}\times\gamma_{312}$</td><td rowspan="4">灾类</td></tr>
<tr><td>≥3,<5</td><td>60</td><td>□___</td></tr>
<tr><td>≥1,<3</td><td>40</td><td>□___</td></tr>
<tr><td>0</td><td>10</td><td>□</td></tr>
<tr><td rowspan="4">台风灾害次数(次)$X_{313}$</td><td>≥5</td><td>80</td><td>□___</td><td rowspan="4">$R_{313}$</td><td rowspan="4">$\gamma_{313}$</td><td rowspan="4">$X_{313}=R_{313}\times\gamma_{313}$</td><td rowspan="4">灾种</td></tr>
<tr><td>≥3,<5</td><td>60</td><td>□___</td></tr>
<tr><td>≥1,<3</td><td>40</td><td>□___</td></tr>
<tr><td>0</td><td>10</td><td>□</td></tr>
</table>

（续）

| 项别 | 评估指标 | 分级 | 基本分值($R_{ij}$) | | | 权重系数($\gamma_{ij}$) | 评估分值($X_{ij}$) | 说明 |
|---|---|---|---|---|---|---|---|---|
| | | | 分值范围 | 选择 | 取值 | | | |
| 自然灾害信息$X_3$ | 暴雨灾害次数（次）$X_{314}$ | ≥5 | 70 | □___ | $R_{314}$ | $\gamma_{314}$ | $X_{314}=R_{314}\times\gamma_{314}$ | 灾种 |
| | | ≥3,<5 | 50 | □___ | | | | |
| | | ≥1,<3 | 30 | □___ | | | | |
| | | 0 | 10 | □ | | | | |
| | 大风灾害次数（次）$X_{315}$ | ≥5 | 70 | □___ | $R_{315}$ | $\gamma_{315}$ | $X_{315}=R_{315}\times\gamma_{315}$ | 灾种 |
| | | ≥3,<5 | 50 | □___ | | | | |
| | | ≥1,<3 | 30 | □___ | | | | |
| | | 0 | 10 | □ | | | | |
| | 雷电灾害次数（次）$X_{316}$ | ≥5 | 70 | □___ | $R_{316}$ | $\gamma_{316}$ | $X_{316}=R_{316}\times\gamma_{316}$ | 灾种 |
| | | ≥3,<5 | 50 | □___ | | | | |
| | | ≥1,<3 | 30 | □___ | | | | |
| | | 0 | 10 | □ | | | | |
| 结构灾害信息$X_4$ | 结构灾害次数（次）$X_{41}$ | ≥5 | 80 | □___ | $R_{41}$ | $\gamma_{41}$ | $X_{41}=R_{41}\times\gamma_{41}$ | 可从结构灾害信息表格提取 |
| | | 4 | 70 | □ | | | | |
| | | 3 | 60 | □ | | | | |
| | | 2 | 40 | □ | | | | |
| | | 1 | 30 | □ | | | | |
| | | 0 | 10 | □ | | | | |
| | 结构灾害类型数量（个）$X_{42}$ | ≥3 | 70 | □___ | $R_{42}$ | $\gamma_{42}$ | $X_{42}=R_{42}\times\gamma_{42}$ | 可从结构灾害信息表格提取 |
| | | 2 | 50 | □ | | | | |
| | | 1 | 30 | □ | | | | |
| | | 0 | 10 | □ | | | | |

（续）

<table>
<tr><th rowspan="2">项别</th><th rowspan="2">评估指标</th><th rowspan="2">分级</th><th colspan="3">基本分值($R_{ij}$)</th><th rowspan="2">权重系数($\gamma_{ij}$)</th><th rowspan="2">评估分值($X_{ij}$)</th><th rowspan="2">说明</th></tr>
<tr><th>分值范围</th><th>选择</th><th>取值</th></tr>
<tr><td rowspan="8">减灾资源和能力$X_5$</td><td rowspan="4">减灾资源$X_{51}$</td><td>无预案要求</td><td>70</td><td>□</td><td rowspan="4">$R_{51}$</td><td rowspan="4">$\gamma_{51}$</td><td rowspan="4">$X_{51}=R_{51}\times\gamma_{51}$</td><td rowspan="4"></td></tr>
<tr><td>不满足预案要求</td><td>50</td><td>□</td></tr>
<tr><td>基本满足预案要求</td><td>30</td><td>□</td></tr>
<tr><td>完全满足预案要求</td><td>10</td><td>□</td></tr>
<tr><td rowspan="4">专业救灾队伍$X_{52}$</td><td>无预案要求</td><td>70</td><td>□</td><td rowspan="4">$R_{52}$</td><td rowspan="4">$\gamma_{52}$</td><td rowspan="4">$X_{52}=R_{52}\times\gamma_{52}$</td><td rowspan="4">根据预案，专业救灾队伍可属于外部单位，有救援协议</td></tr>
<tr><td>不满足预案要求</td><td>50</td><td>□</td></tr>
<tr><td>基本满足预案要求</td><td>30</td><td>□</td></tr>
<tr><td>完全满足预案要求</td><td>10</td><td>□</td></tr>
<tr><td rowspan="10">隐患信息$X_6$</td><td rowspan="3">安全鉴定结果$X_{61}$</td><td>三类坝</td><td>90</td><td>□___</td><td rowspan="3">$R_{61}$</td><td rowspan="3">$\gamma_{61}$</td><td rowspan="3">$X_{61}=R_{61}\times\gamma_{61}$</td><td rowspan="3"></td></tr>
<tr><td>二类坝</td><td>60</td><td>□___</td></tr>
<tr><td>一类坝</td><td>20</td><td>□___</td></tr>
<tr><td rowspan="4">一般隐患数量（个）$X_{62}$</td><td>≥30</td><td>80</td><td>□___</td><td rowspan="4">$R_{62}$</td><td rowspan="4">$\gamma_{62}$</td><td rowspan="4">$X_{62}=R_{62}\times\gamma_{62}$</td><td rowspan="4">因自然因素引发的一般隐患数量</td></tr>
<tr><td>≥10，<30</td><td>60</td><td>□___</td></tr>
<tr><td>≥5，<10</td><td>40</td><td>□___</td></tr>
<tr><td><5</td><td>20</td><td>□___</td></tr>
<tr><td rowspan="3">重大隐患数量（个）$X_{63}$</td><td>≥3</td><td>80</td><td>□___</td><td rowspan="3">$R_{63}$</td><td rowspan="3">$\gamma_{63}$</td><td rowspan="3">$X_{63}=R_{63}\times\gamma_{63}$</td><td rowspan="3">因自然因素引发的重大隐患数量</td></tr>
<tr><td>≥1，<3</td><td>40</td><td>□___</td></tr>
<tr><td>0</td><td>20</td><td>□</td></tr>
<tr><td rowspan="4">资料完整性$X_7$</td><td rowspan="4">应急预案$X_{71}$</td><td>无预案</td><td>70</td><td>□</td><td rowspan="4">$R_{71}$</td><td rowspan="4">$\gamma_{71}$</td><td rowspan="4">$X_{71}=R_{71}\times\gamma_{71}$</td><td rowspan="4"></td></tr>
<tr><td>有预案未评审</td><td>50</td><td>□</td></tr>
<tr><td>已评审未发布</td><td>30</td><td>□</td></tr>
<tr><td>已评审并发布</td><td>10</td><td>□</td></tr>
</table>

（续）

<table>
<tr><td rowspan="2">项别</td><td rowspan="2">评估指标</td><td rowspan="2">分级</td><td colspan="3">基本分值($R_{ij}$)</td><td rowspan="2">权重系数($\gamma_{ij}$)</td><td rowspan="2">评估分值($X_{ij}$)</td><td rowspan="2">说明</td></tr>
<tr><td>分值范围</td><td>选择</td><td>取值</td></tr>
<tr><td rowspan="10">资料完整性 $X_7$</td><td rowspan="3">地质水文气象等资料 $X_{72}$</td><td>资料不完整</td><td>60</td><td>□</td><td rowspan="3">$R_{72}$</td><td rowspan="3">$\gamma_{72}$</td><td rowspan="3">$X_{72}=R_{72}\times\gamma_{72}$</td><td rowspan="3">建设期</td></tr>
<tr><td>资料基本完整</td><td>40</td><td>□</td></tr>
<tr><td>资料完整</td><td>20</td><td>□</td></tr>
<tr><td rowspan="3">设计文件 $X_{73}$</td><td>资料不完整</td><td>60</td><td>□</td><td rowspan="3">$R_{73}$</td><td rowspan="3">$\gamma_{73}$</td><td rowspan="3">$X_{73}=R_{73}\times\gamma_{73}$</td><td rowspan="3">建设期</td></tr>
<tr><td>资料基本完整</td><td>40</td><td>□</td></tr>
<tr><td>资料完整</td><td>20</td><td>□</td></tr>
<tr><td rowspan="3">监测设施运行情况 $X_{74}$</td><td>无监测设施</td><td>60</td><td>□</td><td rowspan="3">$R_{74}$</td><td rowspan="3">$\gamma_{74}$</td><td rowspan="3">$X_{74}=R_{74}\times\gamma_{74}$</td><td rowspan="3">运营期</td></tr>
<tr><td>监测设施正常运行率小于60%</td><td>40</td><td>□___</td></tr>
<tr><td>监测设施正常运行率大于60%</td><td>20</td><td>□___</td></tr>
<tr></tr>
<tr><td colspan="9">5. 整体情况</td></tr>
<tr><td colspan="9">□等级Ⅳ（重大风险，红色）<br>□等级Ⅲ（较大风险，橙色）<br>□等级Ⅱ（一般风险，黄色）<br>□等级Ⅰ（较小风险，绿色）</td></tr>
<tr><td colspan="9">6. 其他需要说明的信息</td></tr>
</table>

注：* 为必填项，□为选择项，___为填写项。

填表单位：　　　　填表日期：　　年　月　日

填表人：　　　　审核人：　　　　联系电话：

# 附录八　报告格式要求

## 自然灾害综合风险水路承灾体普查工作总结报告

本报告包括工作报告和技术报告（含风险评估内容）两部分。

### 一、工作报告

参见《自然灾害综合风险公路水路承灾体普查工作实施方案》（交公路函〔2020〕721号）等通知相关要求。

### 二、技术报告

（一）封面

封面书写内容包括：

(1) 自然灾害综合风险水路承灾体普查技术报告。

(2) 行政区划。

(3) 委托单位名称。

(4) 编制单位名称。

(5) 报告编制日期。

（二）封二

封二书写内容包括：

(1) 承担单位负责人。

(2) 任务负责人。

(3) 技术负责人。

(4) 报告编写人员。

(5) 主要参与人员。

（6）审核人员。

（三）目录

报告应有目录页，置于前言之前。

（四）前言

前言包括任务来源、任务工作背景、任务目的意义、任务工作内容和主要成果简介等。

（五）正文

技术报告正文编写内容大纲如下：

第 1 章“区域概况”：内容包括政区、自然环境状况、经济社会概况、水路承灾体概况、历史灾害概况等。

第 2 章“实施流程”：内容包括水路承灾体调查实施情况等。

第 3 章“水路承灾体属性信息”：内容包括水路承灾体属性信息（包含港口设施、航道设施、通航建筑物设施和航运枢纽设施属性信息）数据、数据分析及总体描述等。

第 4 章“水路自然灾害信息”：内容包括水路自然灾害信息（包含水路自然灾害基础信息、水路承灾体结构灾害信息、危险性评价指标信息和危害性评价指标信息）数据、数据分析及总体描述等。

第 5 章“水路承灾体自然灾害综合风险等级评价”：内容包括评价指标体系、评价方法、评价结果、风险区划等。

第 6 章“总结”：内容包括普查工作技术总体情况、亮点、问题和建议等。

（六）封底

印刷版报告宜有封底。封底可放置任务承担单位的名称和地址或其他相关信息，也可以为空白页。

（七）附件

包括与自然灾害综合风险水路承灾体普查相关的技术资料等。

（八）报告格式

自然灾害综合风险水路承灾体普查技术报告文本外形尺寸为 A4（210 mm×297 mm）。

# 自然灾害综合风险水路承灾体普查相关质控报告

本报告包括质量检查报告、质量审核报告、质量抽查报告。参见《自然灾害综合风险水路承灾体普查数据与成果质检核查技术规则》相关要求。

注：附录八相关报告格式供参考。

本培训教材相关内容以发布的《自然灾害综合风险水路承灾体普查技术指南》和《自然灾害综合风险水路承灾体普查数据与成果质检核查技术规则》最新稿为准。

**图书在版编目（CIP）数据**

水路调查 / 国务院第一次全国自然灾害综合风险普查领导小组办公室编著. -- 北京：应急管理出版社，2021

第一次全国自然灾害综合风险普查培训教材

ISBN 978-7-5020-9146-0

Ⅰ.①水⋯ Ⅱ.①国⋯ Ⅲ.①水路运输—自然灾害—普查—中国—技术培训—教材 Ⅳ.①U698

中国版本图书馆 CIP 数据核字（2021）第 245262 号

**水路调查**（第一次全国自然灾害综合风险普查培训教材）

**编　　著**　国务院第一次全国自然灾害综合风险普查领导小组办公室
**责任编辑**　唐小磊
**编　　辑**　孔　晶　王　晨
**责任校对**　张艳蕾
**封面设计**　罗针盘

**出版发行**　应急管理出版社（北京市朝阳区芍药居 35 号　100029）
**电　　话**　010-84657898（总编室）　010-84657880（读者服务部）
**网　　址**　www. cciph. com. cn
**印　　刷**　北京盛通印刷股份有限公司
**经　　销**　全国新华书店

**开　　本**　710mm × 1000mm $^{1}/_{16}$　**印张**　$10^{3}/_{4}$　**字数**　139 千字
**版　　次**　2021 年 12 月第 1 版　2021 年 12 月第 1 次印刷
**社内编号**　20211050　**定价**　42.00 元